哈尔滨商业大学博士科研启动项目资助，合同编号2016BS11
中国博士后科学基金第61批面上资助项目，项目编号2017M611340

中国传统文化与时代践行研究

陈 尧 著

中国商业出版社

图书在版编目（CIP）数据

中国传统文化与时代践行研究／陈尧著．—北京：中国商业出版社，2020.12

ISBN 978-7-5208-1431-7

Ⅰ.①中… Ⅱ.①陈… Ⅲ.①中华文化-研究 Ⅳ.①K203

中国版本图书馆 CIP 数据核字（2020）第 243250 号

责任编辑：孔祥莉

中国商业出版社出版发行

010-63180647　www.c-cbook.com

（100053　北京广安门内报国寺 1 号）

新 华 书 店 经 销

北京精印堂图文快速印刷中心印刷

* * *

710 毫米×1000 毫米　16 开　7.75 印张　105 千字

2020 年 12 月第 1 版　2020 年 12 月第 1 次印刷

定价：58.00 元

* * * *

（如有印装质量问题可更换）

序　言

　　中国传统文化博大精深，涵盖了政治、伦理、法治、智慧等内容，对于社会主义现代化的建设和发展具有巨大的借鉴作用。中国传统文化不仅能够展示中华民族的精神活动，而且作为社会发展先导思想的组成部分，能够成为社会发展的智力源泉，有效地指导社会实践。中国传统中的文化血脉，能够形成巨大的感召力，可以团结大众对抗敌对思潮的侵袭。我们要实现中华民族的伟大复兴，必须弘扬中国传统文化，使其成为精神上的引领和支撑。面对人们价值取向的日趋活跃，我们必须坚持和发扬中国传统文化，打牢共同的思想基础，这样才能形成精神合力，抗击历史虚无主义思潮，增强人民抵御各种外来思潮的风险能力。中国传统文化的弘扬与发展是中国构建文化境界的重大举措，也是对中国历史的梳理与转换，使传统文化基因发挥其现代价值。弘扬中国传统文化，不仅是从文化上实现自信，还要力图在发展过程中寻找人们思想上的共识。

　　中国传统文化中的许多观念依然发挥作用，其中的自强不息、厚德载物、和而不同、仁者爱人等观念依然具有现代活力，能够帮助人们找到价值归属。中国传统文化蕴含着民生精神，与我们自身约定俗成的生活方式息息相关。传承与发展中国传统文化，是使中国人感受先哲智慧的有效途径，使其教化人心，滋养着人们的精神家园。中国传统文化之中不仅有知识理性，而且具有更多的精神理性，这些精神理性能够在现代社会的发展中发生转向，成为当代人的精神追求，这在一定意义上推动中国传统文化获得新形态。中国对于传统文化的弘扬路径之一就是，阐发中国传统文化固有的精神传统，使它在现代社会发扬光大。对于中国传统文化的弘扬，不是单纯地学习中国传统文化，而是通过复兴中国传统文化，使其发挥现代性的功效，为人们寻找精神家园或者心灵寄托。在中国传统文化的弘扬过程中可以发现，一方面，弘扬的行为凸显了中国传统文化的时代作用，有助于树立国人对于本土文化的自信心，另一方面，中国传统文化能够对接全球化，更好地与各国先进文化相融合。

国人对于中国传统文化的引经据典，不仅是出于文化自信的建设需要，而且是一个树立文化自信的求善、求美过程。这也是国人对中国传统文化所予以的全新形态，能够适应全球化的需要，同时也是国人对于中国文化出路的深刻思考和全新尝试。弘扬中国传统文化有助于当下文化的交融，担负起文化指导人的使命，发挥自身的修齐治平情怀，在现代社会呈现出责任与担当。弘扬中国传统文化是对中国文明的继承，引领国人增加对自身民族文化的认同。

党的十九大报告指出，文化是一个国家、一个民族的灵魂。文化兴国运兴，文化强民族强。没有文化的繁荣昌盛，就没有中华民族伟大复兴。在国家综合国力提升的同时，我们认识到文化在民族兴盛中的重要作用。中国传统文化的智慧能够与西方现代文化有机融合，展现了其兼容并蓄的能力，唤醒国人心中的民族优越感，促进文化上的自信。这种文化上的自信感不仅可以抵制外来腐朽思想的入侵，而且可以凝聚中国人的团结精神和爱国情怀，增强文化软实力。中国传统文化善思善行的智慧，能够推动中华民族在世界文化的大潮中开启非凡的视野，融合各种优势文化，扩宽自身的视域，突破一些人类共同的困境。对于中国传统文化的弘扬，有利于我们了解并认知民族文化，在此基础上建立文化自信。新时代，大力弘扬中国传统文化,并使之更广泛地融入现代化,是实现文化自信的重要途径。

本书重点介绍了中国传统文化所包含的义利观、和而不同、天人合一、大同理想等观点,这些观点在今天的社会主义现代化建设中依然发挥着积极作用,指导和规范人们的行为方式。本书还分析了中国传统文化在培育和践行社会主义核心价值观等方面发挥的积极作用。中国传统文化还与西方文化通过各种途径积极交流、融合,取长补短,从西方文化中汲取营养,极大地提升了中国传统文化的境界。中国传统文化中的诸多思想,能够为建设现代化提供认识工具和方法论指导。只有把握中国传统文化中的基本精神,持续弘扬中国传统文化,我们才能在民族复兴的过程中找到精神支柱,并为全人类提供精神养料。

学术界诸多的中国传统文化研究成果,给了我巨大的启发。由于自身的水平有限,对于中国传统文化与时代践行的研究难以全面深入地探索,只能进行一番粗糙的梳理。疏漏之处在所难免,请各位专家及读者批评指正。在此书出版之际,谨向师长所给予的指导意见表示感谢。

陈　尧

2020 年 11 月 27 日于哈尔滨

目 录

第一章 中国传统文化思想的现代价值 ················· 1
  第一节 弘扬中国传统文化的重大意义 ················ 1
    一、推动中国传统文化发展的理论意义 ············· 1
    二、推动中国传统文化兴盛的现实意义 ············· 3
    三、推动中国传统文化繁荣的历史意义 ············· 4
  第二节 中国传统文化与文化自信 ···················· 5
    一、中国优秀传统文化为文化自信提供理论根基 ······· 6
    二、文化自信需要以两创方针弘扬中国优秀传统文化 ···· 8
    三、中国优秀传统文化对文化自信产生的巨大作用 ····· 11

第二章 中国传统文化的主要思想及现代作用 ············ 13
  第一节 中国传统政治文化及现代作用 ················ 13
    一、民惟邦本 ···························· 14
    二、审度时宜 ···························· 15
    三、求同存异 ···························· 15
  第二节 中国传统伦理文化及现代作用 ················ 16
    一、自省修身 ···························· 17
    二、反腐倡廉 ···························· 17
    三、爱国报国 ···························· 18

第三节　中国传统法治文化及其作用 …………………… 19
 一、"以法治国" …………………………………………… 19
 二、法尚公平 ……………………………………………… 21
 三、德法相济 ……………………………………………… 22

第四节　中国传统智慧文化及现代作用 ………………… 23
 一、整体性智慧 …………………………………………… 23
 二、创新性智慧 …………………………………………… 24
 三、辩证性智慧 …………………………………………… 25

第三章　中国传统文化的独特观点及其时代应用 …………… 27

第一节　义利观 ……………………………………………… 27
 一、义利观在新时代的内涵 ……………………………… 28
 二、义利观在新时代的特点 ……………………………… 33
 三、义利观在现实当中的指导作用 ……………………… 37
 四、义利观的重大现实意义 ……………………………… 41

第二节　和而不同 …………………………………………… 42
 一、和而不同思想的哲学意蕴 …………………………… 43
 二、和而不同思想呈现出的中国智慧 …………………… 45
 三、和而不同思想的世界价值 …………………………… 50

第三节　天人合一 …………………………………………… 53
 一、天人合一与和谐共生 ………………………………… 54
 二、天人合一与敬佑生命 ………………………………… 57

第四节　知行合一 …………………………………………… 69
 一、知的突破与发展 ……………………………………… 69
 二、行的突破与开拓 ……………………………………… 71

三、知行合一的辩证关系 ·· 72
四、理论影响 ·· 75
第五节 大同理想 ··· 77
一、大同的理想情结 ··· 77
二、大同的现代启示 ··· 79

第四章 中国传统文化的实践应用 ·· 83
第一节 中国传统文化与社会主义核心价值观 ···················· 83
一、中国传统文化的流变与超越 ······································· 84
二、立足传统文化探索中国特色社会主义的价值追求 ········· 87
三、社会主义核心价值观的培育及其对中国传统文化的弘扬
 ·· 93
第二节 中国传统文化与文化强国战略 ······························· 96
一、中国传统文化是实现文化强国战略的重要根基 ··········· 96
二、中国传统文化以文化软实力加强文化强国战略 ··········· 97

第五章 中国传统文化与现代化 ··· 100
一、中国传统文化与现代化的统一性 ······························· 100
二、中国传统文化走向现代化的现实需求 ······················· 102

第六章 新时代弘扬中国优秀传统文化的使命 ······················ 104
第一节 弘扬中国优秀传统文化提升国民担当 ···················· 104
一、我们展示民族优秀传统文化的时代价值 ···················· 105
二、彰显中国优秀传统文化的突出优势 ··························· 106
三、强化民族优秀传统文化的自信心理 ··························· 106

四、大力弘扬中国优秀传统文化 …………………………………… 107

第二节 传播民族优秀传统文化增强世界认同 …………………… 109

一、发出中国声音 ………………………………………………… 109

二、提供中国方案 ………………………………………………… 110

三、贡献中国智慧 ………………………………………………… 110

参考文献 ……………………………………………………………… 112

第一章 中国传统文化思想的现代价值

新时代中国特色社会主义的文化建设,需要我们从传统文化中寻找自身的特色。中国传统文化展示出的巨大魅力与智慧,在现代社会依然发挥着巨大的作用。中国特色社会主义进入新时代,中国的传统文化也要展现出新时代的活力。弘扬中国传统文化,既是对中华文明的继承,又是新时代下中国人的共同理念与价值追求,更是我们对于自身精神家园的探寻,展现出了中国人对于中国传统文化的传承和发扬光大。

第一节 弘扬中国传统文化的重大意义

中国传统文化是中国人所寻找的民族精神,也是中国人对于自身文化的自信。中国优秀传统文化具有的特质在当代社会展现出了巨大优势,促进了中国传统文化的国际影响力的提升。弘扬中国传统文化,加强文化建设,使其在新时代中国特色社会主义建设中发挥作用。

一、推动中国传统文化发展的理论意义

中国传统文化涉及多个方面,如政治、外交、教育、哲学、信念、伦理、思维、经济、法律、廉政等,其涵盖范围非常广泛。这其中包含知识

体系、精神追求、价值导向等方面。中国传统文化具有历久弥新的作用，其中的自强不息、厚德载物、和而不同、仁者爱人等观念依然具有现代活力，能够帮助中国人找到价值归属。中华民族对于中国传统文化的认识与弘扬，促进了各个领域的大发展。传统文化中的政治、法律、伦理、智慧、艺术等领域的发展，是对传统文化精华部分的再现与进步，也是我们运用传统文化加强社会主义文化建设的重要手段。当今社会追寻经世致用的古法精要，并进一步探索为政之道、社会人伦、法律秩序、哲学思维方面的根本内涵，有利于社会建设的发展。新时代对于传统文化的两创式发展，体现了党的十九大报告中强调的"深入挖掘中华传统文化蕴含的思想观念、人文精神、道德规范，结合时代要求继承创新，让中华文化展现出永久魅力和时代风采"。两创式发展不是机械地、全部地新瓶装旧酒，而是选择性地发展，可以保留能够反映新时代内涵的旧形式。这是因为旧形式更容易为群众所接受，装上了新内容之后便于传播。两创式发展是实现优秀传统文化现代转型的重要方式，能够促进优秀传统文化与时代精神相通。这种发展形式是优秀传统文化得以延续生命的重要保证。推动中国传统文化发展要紧紧抓住"提高国家文化软实力"这条主线，这涉及世情、国情的方方面面。加强对中国传统文化的时代性转化，是对人伦社会、政治制度的现代思考。中国传统文化在新时代的展现，蕴含了鲜活的因素，也能够与马克思主义理论相互融合，对于新时代中国特色社会主义文化建设具有积极意义。对于中国传统优秀文化的挖掘意义深远，可以克服现代社会诸多弊病，例如天人合一、和而不同等，能够发挥积极的调节性作用。党的十九大报告指出，文化是一个国家、一个民族的灵魂。文化兴国运兴，文化强民族强。因此，必须大力弘扬中国优秀传统文化，这是新时代中国特色社会主义关于文化自信的具体要求。中国优秀传统文化根基牢固，体现着中国人的生存智慧。中国人应运用传统文化的精髓建设自身的精神家园，进入新时代文化建设，积极引导民族文化的走向。中国传统文化的优秀内涵，必然成为新时代文化建设的重要思想资源。弘扬中国传统文化，促进新时代的社会主义文化建设体现中国特色、中国风格、中国智慧。中国传统文化的推陈出新，有利于消解中国传统文化的弊端，力图以新的形式实现中国传统文化的理论价值。

二、推动中国传统文化兴盛的现实意义

中国传统文化承载了几千年的文明，它其中的精华依然在现代社会焕发活力。我们要立足中国国情，批判地继承中国传统文化，并根据实践主体的需要，不断进行中国传统文化的两创式发展，使之更好地体现中国价值，稳固中华文化立场。中华文化立场是指按照中国人共同的价值观念、思维方式、文化心理、行为规范来思考问题、处理问题的立场。要做到坚守中华文化立场，需要在实践中发展，即在实践中思考文化的可持续发展，以文化自觉到自信的过程拥护并发展中国自身的文化。首先，我们必须将中国传统文化作为一个整体来思考，并使其在新时代中国特色社会主义建设中得到发展。其次，我们要在两创方针中正确地把握中国传统文化的内容，既要凝聚式发展，又要尊重每一个领域的特殊发展规律。最后，中华民族作为当今的实践者，要用两创方针以文化人、以人育人，推进人的全面发展，满足人民日益增长的精神需要，搞好文化建设。在现实之中，中国传统文化的优秀之处，能够使人类社会避免混乱，保持一个有序的状态，可以解决现代社会诸多的精神问题。这其中的精髓解决了人与人、人与社会、人与自然的矛盾，既符合现代国际社会的现实需要，又能满足人类的精神需求。中华传统文化的精髓能够解决人类面临的文化困惑，这种解决危机的思路，不仅树立了中华民族的自信心，而且有助于国人对于中华文化立场的坚守与热爱。我们每一个中国人都应该成为优秀传统文化的倡导

者，对其中的义理有所了解，并以复兴中国传统文化为己任。

三、推动中国传统文化繁荣的历史意义

中国传统文化是中华民族的灵魂，推动中国传统文化繁荣，其实质上是对传统文化的传承和发展。中国传统文化是中国人区别于其他国籍人的关键因素，也是中华儿女保持自身民族性的基础。中国人对于中国传统文化的弘扬没有停留在形式上，而是将其以实践的形式转化出来，使其获得了长久的生命力。中国传统文化作为一个整体得到统一的发展，凝聚着中华民族具有崭新时代特点的共同精神，促进中国人树立文化自信和民族自豪。当下，在推动文化发展中展现出了中国传统文化的风采和特性，走向了更高的文化层次。中国传统文化的统一性与世界性也会彼此发挥作用，我们要使中国传统文化吸收外来文化的优点，在相互交融、相互依存中共同发展。面对各种形式的全球化，中国优秀传统文化所展现出应用型与抵御性，既能够在全球化大潮中走出中国特色，也能够以传统文化作为核心性建构，抵御其他国家的文化输入。转化这一形式将中国优秀的传统文化外化出来，本身就是将其进行了现代生产生活的实践转换，使其具有实用理性。这种从"言说"到"应用"的过程，展现了中国以自身元素提升自我发展的趋向，也是中国以传统文化的魅力展现中国风格和中国特色的民族特色。中国优秀传统文化凸显的时代作用能够融合到世界文化的发展之中，这是中国传统文化的持续性走向，也是夯实中华文化立场的关键性发展。中国优秀传统文化所彰显的优点在新时代能够解决工业文明产生的困惑，满足人民的精神需要，用其独特的思维方式解决面临的困窘。当前人类社会早已显现出各类危机，其中人与自然之间的生态危机、社会与社会之间的价值危机尤为明显。许多国家的文化在解决这些危机中举步维艰，而中国传统文化中的思想能够弱化乃至消除这些危机。因此，我们要坚守

中华文化立场,将中国传统文化的时代作用贡献于人类社会,体现人文主义的价值和关怀。

第二节 中国传统文化与文化自信

文化自信是对先进文化所产生的自信心理。文化自信是对中国当前文化水平所做出的客观评价,在此基础上的积极肯定与准确分析,蕴含了面对现实的理性态度,并不是单纯盲目的自信。文化自信,一方面要坚定不移地弘扬中国传统文化,另一方面要树立对中国传统文化的自信心,自觉抵制外来错误思潮。"文化自信,是更基础、更广泛、更深厚的自信"[①],它能够以顶层设计融入强国战略。中国优秀的传统文化构成了中华民族文化自信的深厚底蕴,并以内化于心、外化于行的方式融入于我们的精神基因。中国传统文化中的许多精髓在当今的社会治理中能够发挥优势,并使中国人建立共同的精神层面上的自信。中国传统文化中的许多观念可以表达中国人之间的结合状态,体现共同的精神价值,促进人们重建对传统文化的信心,能够在社会实践中加深自身的底蕴,并加深文化的育人功能,让人们获得更多的自信心与认同感。文化自信作为一个国家、民族、政党对自身文化的全面认识,以及认同与肯定,还体现着对自身文化持之以恒的坚守。当前,我们要传承并弘扬中国传统文化,实现文化上的自信自强,以文化软实力加强国家的安全。

---

① 中共中央宣传部. 习近平新时代中国特色社会主义思想三十讲[M]. 学习出版社, 2018年. 第194页.

一、中国优秀传统文化为文化自信提供理论根基

纵观各国的文化发展轨迹，我们可以看到，任何一个民族的现有文化都是由传统文化而逐渐积累成的，传统文化构成了一个国家的深厚基础和精神命脉，成为一个国家或民族的根基。"中国有坚定的道路自信、理论自信、制度自信，其本质是建立在5000多年文明传承基础上的文化自信"。中华优秀传统文化，以自强不息、经世致用、天下为公、重视道德等为特征，为我们坚守文化自信提供了价值基础。中国传统文化与文化自信之间有着密不可分的关系，前者对于后者起到了支撑性作用；后者对于前者起到了引领性作用。传统文化通过治国理政所发挥的作用，使中国整个民族产生了对于文化的信心。中国作为一个历史悠久的民族，必须对自身的文化产生认同和信心，以此凸显自身的独特之处。具体而言，中国优秀传统文化是一种政治与道德紧密结合型文化，重视道德修养并追求理想人格。道德上的完美典型的追寻可以帮助人们展开人生理想，找到安身立命的归宿。这种精神上的获益使人们对传统文化产生了认同与自信，能够激励人们去寻找自发展的合理进路。这种民族文化在现代社会之中依然展示出了巨大价值，能够在当前社会做出一种积极的回应与引导。中国传统文化博大精神，我们不仅不能割舍，而且要进行深刻的挖掘与弘扬，以此建立我们的精神家园。中国优秀传统文化事关国运兴衰、精神传承、凝聚意识、文化安全、民族精神面貌，影响着国家的发展。"中国有坚定的道路自信、理论自信、制度自信，其本质是建立在5000多年文明传承基础上的文化自信"。因此，中国人要从精神层面体会优秀传统文化的精髓，以传统文化涵养现代文化，增进民族自信心与自豪感，摒弃历史虚无主义与文化虚无主义的错误观点。在中国优秀传统文化的精髓下开启中国红色革命文化、社会主义先进文化，以深厚的理论自觉展现出了文化自信。中国传统文化在

第一章　中国传统文化思想的现代价值

常识层面、技术层面、学术层面、道德层面、价值层面、信仰层面、人生意义以及民族精神等层面，都能发挥巨大作用。实现中华民族伟大复兴的重要条件之一就是认识中国传统文化的价值与意义。我们要重新认识中国传统文化，增加国人的文化底蕴，增强文化认同与文化自信。中华人民共和国成立以来，为了实现精神文明的繁荣，大力弘扬中国传统文化，这是因为民族文化对于价值观念、育人功能、社会责任、道德养成、义利关系等因素至关重要，有利于实现文化自信以提供精神上的引领。中华民族的传统文化经历了由古至今的发展，始终没有中断，并且获得了创新与进步，指导了中国社会实践的发展，我们自然就会对自身文化的不同时代形态产生自信。中国传统文化已经被实践证明其正确性，使中国人获得了文化自信的底气。新时代中国特色社会主义更加重视文化自信产生的作用，中国传统文化以多种功能的不断转化夯实了文化强国建设的基础。

中国传统文化建立了具有中国特色、中国风格、中国气派的话语体系，并表现出坚定的文化自信。纵观当今中国的发展形势，中国传统文化的治世作用在世界舞台崭露头角，为世界各国的治理体系提供了启示与帮助。这其中的治国理政经验，例如天人合一、和而不同、礼法合治、德主刑辅、天下大同等观念，都能为今天的现代化国家发展与建设提供经验，并使国人增强民族自尊心与自豪感。为了在国际竞争中走上强国之路，中国大力提升文化软实力，积极弘扬中国传统文化，以展示中华民族文化的独特魅力，坚定文化自信。中国人自觉地担负起复兴民族文化的使命，为中国民族的发展提供了智慧的支撑，为文化自信提供了方向上的引领。中华民族的传统文化未来还要在世界的文化体系中继续贡献力量，发挥中国智慧。我们要以文化推动社会进步为着眼点，继续坚守文化自信，积极地融入世界文明，发挥民族文化的影响力与凝聚力。

二、文化自信需要以两创方针弘扬中国优秀传统文化

与其他三大文明古国的文化相比,中国文化具有极强的连续性、包容性和统一性。例如,在少数民族入侵之际,中国文化不仅没有消亡,反而同化、吸收了外来文化,并且不断地融合、发展。在几千年的历史变化中,中国文化始终以文化为主干文化,保持着主导地位。中国文化源远流长的原因就是蕴含了文化自觉意识。文化自觉作为一种文化自理,具有两大含义。第一,文化自觉是指生活在一定文化中的人对自身文化具有自知之明,明确自身文化的诞生、形成、发展;第二,文化自觉是指不仅对自身文化有所认识,而且了解自身文化与其他文化的关系。在各种不同民族的文化交往中,中国传统文化形成了对自身文化特质的自觉,构成了文化认同的前提。一方面,中华传统文化区分了自身与其他文化;另一方面,它对自身文化进行反思,既吸收有利于自身发展的文化,又改造落后的、不合时宜的文化。这一自觉行动为中华优秀传统文化注入了新的活力。文化自觉是中华民族对自身文化的觉悟与反思,成为文化发展的不竭动力。中华民族以文化担当的方式,以文化自觉走向了文化自信。文化自觉体现了中国人对于自身文化的自知之明,能够对其历史责任进行主动担当。文化自信体现了中国人对于自身文化的坚定信心,能够对其价值作用进行充分把握与运用。只有我们内心充分认识到文化自信的重要作用,才能在行动上做到自觉,将弘扬传统文化落到实处。这一追求文化发展的历史逻辑告诉我们,只有以两创方针弘扬中国优秀传统文化才能支撑起文化自信的底蕴。两创方针能够进行自我发展与繁荣,不断促进中华民族的自信,以此延续中华民族文化的传承与昌盛。

各国都需要对自身的民族传统文化进行时代的转换,以适应新时代的要求。虽然民族优秀传统文化具有相对的独立性与自身稳定性,但是它必

第一章　中国传统文化思想的现代价值

须随着政治经济的发展而进行创造性转化，以满足现代社会的需要。我们不能忘记我们的根本，更不能丢掉我们的传统文化，我们应该通过"创造性转化、创新性发展"的方针来推进中国传统文化的现代性转换。在现代化过程中，应该推动优秀传统文化进行时代转换，使其焕发出活力，延续中华民族的精神命脉。我们要促进中国优秀传统文化创造性转化。创造性转化是指将我国优秀传统文化中有价值部分按照时代要求进行诠释、利用、改造，使其适应当今社会的发展，并保持对中国文化的认同。创造性转化没有割裂传统与现代的联系，并主张转变出新的东西。中国应"努力实现传统文化的创造性转化"，使优秀传统文化革故鼎新，与现代文化相互融合，以新的时代内涵和表达形式转化适应时代发展的需要。中国优秀传统文化要依据国情进行创造性的转化，并延伸出新的内容，使其成为社会实践发展的精神动力，为建设文化强国而凝聚精神上的共识。我们要实现中国优秀传统文化创新性发展，创新性发展是将中国优秀传统文化中有价值部分在原有的基础之上，按照时代的要求，进行新的发展与完善，扩充其表达形式。创造性发展在继承中国优秀传统文化的基础之上，为时代内涵增加新的外延，增加了原有内涵的"影响力和感召力"。面对整个中国传统文化的传承与建设，"创新性发展"丰富了文化的视野与对应面，强调古代内涵与现代社会需要之间的跨越时空性对话，体现了古今之间的相互融通性，突出中国优秀传统文化在当今时代的新突破。中国传统文化在古今之间的流变与创新，体现了精神的绵延性，有利于发挥民族传统文化的现代价值。只有"不忘本来才能开辟未来，善于继承才能更好创新"，以此方法弘扬民族优秀传统文化，才能有效抵制外来不良文化的冲击。

中华优秀传统文化的进步性以两创方针表现出来，为国家发展提供深层次的支撑。文化不断发展的进步性与本身的优秀成分使人们获得了文化层面的自信，中国人坚信中国优秀的传统文化能够不断地传承与进步，构成了文化自信的根基。在新时代，中华优秀传统文化守本开新，以自信的气度彰显了中国的软实力，建立在深厚社会基础之上的文化自信，事关民族精神的独立与发展，现代社会要想在现代化中保持民族性，必须弘扬自身的文化宝藏。因此，我们要大力坚守文化自信，在历史积淀中寻找自信的基础，彰显中华文化的独特魅力，并使之亘古常新。中国人必须扎根传统文化，并对其作深刻了解，否则难以保证现代文明的发展。这是因为我们自身的精神资源经过历史的演变已经融入于我们骨子里，并与现代生活发生关联。要将中华优秀的传统文化通过两创方针变为我们的文明传统，必须经过人们的自觉并自信。中华优秀传统文化是我们的"根"和"魂"，构成了我们的生存之根，我们要在两创方针中延续中国优秀传统文化的生命力。面对世界多种多样的文化产品，中国传统文化注重自身的传承与发展，可以通过文化产业的发展、社会主义核心价值观的践行、意识形态话语权牢固把握等形式提升自身。这既是保持自身特色，又不断地吸收外来形式补充完善自己的有效途径，再次开启了国人文化自信的模式。中国传统文化为我们当下的建设与改革提供了文化自信上精神支撑与实践支持，避免了文化迷失状态。文化自信需要以先进性贯穿中国传统文化，使之进行两创式发展。坚持两创方针的中国传统文化体现了对于环境的超越性，以丰富的视角吸收外来文化的精髓，为中国社会的进步提供指引。当今社会，一些人认为中国传统文化已经过时，还有一些人对中国传统文化的认知仅停留在表面。在这种情况之下，必须要加强国人对于中国传统文化的认知，培养民族文化的自信心理，增强民族优秀传统文化的竞争力。

传统文化的弘扬还需要文化上的自省，以批判继承的态度坚守中国传统文化，努力做到自信而不自负，谦虚而不自卑，自省而不自责，进一步创造中国传统文化的新发展。

三、中国优秀传统文化对文化自信产生的巨大作用

融合性的中国传统文化为新时代中国特色社会主义建设提供了文化底蕴，为中国人坚守文化自信提供了理论依据。文化的传承必须经过人的大脑体认，一点一滴地积累下来，同时感受到一种尊严的存在。这种尊严是中国人产生自信的关键，因为其价值具有永存性，在古今社会都能发挥作用，为我们坚守文化自信提供了价值激励。中国人只有守住自身的生存之根，才能在全球化中找到自己的定位。这类定位使我们区别于他国，使我们有了生存的基础，并构成了民族的自信心。中华优秀的传统文化以多种事实展现了中国人的智慧，并使中国人获得了自豪与自信。中国传统文化蕴含着文化进步的成分，既体现了民族性，又体现了时代性。中国的快速发展，为世界提供了解决方案，既体现了传统文化的指导作用，又增加了人们的文化自信。这种自信反过来又推动社会主义文化不断完善、持续进步。这一古老的文化将文化的丰富性与统一性结合起来，将外国优质多元文化吸收进来，坚持了文化发展的全面性。

中国传统文化本身就具有延续性，其精神内涵有利于推动国家的兴盛，并指引未来中国的文化发展方向，加强民族文化底蕴建设，构成文化自信的理论来源。此外，以加强社会建设为目标的中国传统文化还具有群众性、时代性、容纳性、科学性等特征，能够体现最广大人民群众的根本利益，反映世界潮流趋势，能够不断吸收外来优质文化。这些文化的先进性不仅促进了中国的巨大飞跃，而且巩固了文化自信的基础。我们应该以中国传统文化融入现代化建设与社会主义先进文化，以本土化的力量提升综合国力。"解决中国的问题只能在中国大地上探寻适合自己的道路和办法"，我们不断强调中国传统文化的重要作用，就是要防止与克服外来的一些错误文化观，激发民族文化的活力。要以中国传统文化树立文化上的自信，敲

醒一些被西方价值观所侵蚀的人，让他们回归到中国自身的文化建设上来。新时代中国特色社会主义事业取得了有目共睹的成就，成为我们引以为傲的自豪感与自信心。中国传统文化境遇与民族前进紧密相连，中华民族的复兴离不开本土文化的引领。文化是民族复兴的根本，文化的育人功能才能引领社会风气，推动国家的多维度发展。因此，我们要坚守文化自信，尤其是坚守对中国传统文化的自信，用文化的方式实现中华文明的复兴与创新。

新时代中国特色社会主义文化建设，需要我们从传统文化中寻找自身的特色，以民族性文化对话西方文化，彰显中国人对于自身文化的自信。我们强调的文化自信，是建立在中国传统文化基础上的自信，进而号召全体中国人振国兴邦，从文化的角度推进国家建设。根植于中华传统文化的文化自信理论，具有极强的实践意义，体现了精神文明的目标导向，更是我国文化事业发展的新战略。文化自信体现了新形势下我国文化事业的繁荣与发展，具有极强的文化导向作用，不仅贯穿了中国传统文化，而且从实际出发发展文化理论。文化自信是我们建设中国社会主义的支持力量，并且成为意识形态中的长期持久性的存在。中国人对中国传统文化的推广基础是文化自信，文化自信有利于增强民族感召力，推动世界人民共同分享中国传统文化的精华。

为了保持中国独特的文化传统，避免在国际社会思想交锋中缺乏民族性的支撑，我们必须坚持弘扬传统文化，坚定文化自信。如果没有文化自信，就会缺乏精神上的独立性，使国家缺少文化上的基础，难以保证道路自信、理论自信、制度自信的根基。

第二章　中国传统文化的主要思想及现代作用

中华民族历经5000多年的历史文明，创造了博大精深的中华文化，为人类文明进步做出了卓越的贡献。新时代，我们依然要坚持和发扬中国优秀的传统文化。从治国方略的作用看，中国优秀传统文化思想主要展现出了政治文化、伦理文化、法制文化、智慧文化，这些思想为建设新时代中国特色社会主义提供了实践的价值能量。中国具体领域的传统文化，展现出了中国人特殊的思维方式，即以局部性、实用性和拓展性的眼光来寻求中国传统文化的具体作用。这些作用说明了中国传统文化中蕴含着巨大的精神世界，能够为现代社会提供思想上的指引，足以让中国人对其产生民族自信心。党的十九大的召开，让中国人再次深刻地感受到了中国传统文化的重要性。正如党的十九大报告所指出："深入挖掘中华传统文化蕴含的思想观念、人文精神、道德规范，结合时代要求继承创新，让中华文化展现出永久魅力和时代风采。"

第一节　中国传统政治文化及现代作用

中国传统文化中的政治资源为新时代中国特色社会主义建设注入民族

文化力量。中国政治发展必须要思考民族基础，要促进中国传统政治走出自我继承与时代转换的道路。例如，中国传统文化中的民惟邦本、审度时宜、求同存异等政治思想依然有益于国家建设，体现了中国传统政治文化与社会主义建设的内在关联。

一、民惟邦本

《尚书》中强调"民惟邦本，本固邦宁"，是执政为民的重要治国方略，体现了人心对于政治的重要作用。民惟邦本，即以人民群众为本，已经发展为我国治国理政的新常态。"政之所兴在顺民心、政之废在逆民心""利民之事，丝发必兴"等，都强调人民群众的重要地位。这些传统文化都展现出民心与执政党之间的相辅相成联系。民心向背决定着执政党的稳定。党的十九大报告提出要"坚持以人民为中心"。中国共产党坚持人民群众是历史的创造者，坚持走群众路线，体会民生疾苦、民瘼所在。民惟邦本旨在"把增进人民福祉、促进人的全面发展作为发展的出发点和落脚点"，保障民生、改善民生，不断地强化人民是国家的根基。对于民惟邦本的重视，这是中国共产党与广大人民群众密切联系的基础。中国共产党区别于其他的政党标志之一就是保持党同人民的血肉联系，将人民群众的利益放在首位，全心全意地为人民服务。新时代之下的民惟邦本，是强调走好群众路线，维护好人民群众的根本利益，具体而言，要顺应民意、发展民生、惠及民众。群众路线坚定人民群众是历史的主体，这与中国传统文化的民本论是相通的，只有紧紧依靠群众，才能推动社会的发展和进步。走群众路线与中国传统文化中的民本思想有相似之处，二者都是将人民群众放置于国家的重要位置。党的群众路线将古代思想中的以民为本进行了新的阐释，强调在工作中要"一切为了群众"。

二、审度时宜

审度时宜是中国传统文化对政治活动的重要把握。我国在全面深化改革过程中，应注意"审度时宜，虑定而动，天下无不可为之事"。中国共产党审度时宜，坚持全面深化改革，改变定式思维，打破各种限制，积极推动各项事业不断发展。审度时宜是当前新形势、新需求的必然要求，也是坚持全面深化改革的积极型思维模式。这一模式，要求我们动有章法地开展工作，不能按照固有思维行事，要冲破各种旧思想的阻碍，解放思想，深化改革。以审度时宜的思维方式破除一切不合时代要求的思想观念，是对于全局性工作的指导，事关中国特色社会主义的前途命运，也关系到人民群众的根本利益。站在新的历史起点上，我们强调重视形势分析，作出科学判断，既体现居安思危，又体现把握机遇。只有审度时宜，随时调整改革的步骤，才能将全面深化改革落到实处，让改革的结果落地生根。我们应该大力分析全面改革中具体形式，看到其中的短板和不足，克服各种困难，认清不确定性因素的存在，科学地把握中国发展的态势，以多点突破、纵深推进的方式坚持全面深化改革。只有审度时宜，才能发现问题、淘汰落后、丢弃陈旧，以随时调整的战略统筹治理体系。

三、求同存异

以求同存异来处理中国的外交关系，将国际合作的焦点转移到相同之处，这是我国寻求合作共赢的发展的重要途径。此原则应用于国际合作之中，受了国际社会的好评，并成为各国普遍接受的外交原则。这一原则不仅能够推动各国友好合作，以平等的对话交流，还能够凝聚合作的共识，避免误解和冲突。在全球经济一体化的时代，国际交往呈现出"你中有我，我中有你"的局面，此时以求同存异为原则共享发展机遇，能够推动国际秩序走向合理化。求同存异以新的时代内涵构建起新型国际关系，摒弃了零和思维，有利于构建人类命运共同体。以求同存异的原则推动人类命运共同体的主张，展现了中国与其他国家命运与共的情怀。中国作为世界和平的倡导者，面对世界经济的下行压力，以求同存异来寻找合作的共识，以守望相助，共同发展为主要措施，与世界人民同舟共济，走向幸福。中国作为最大的发展中国家，坚持走和平发展的道路，积极地推动世界关系走向民主化。和而不同还能在平等的基础上进行国际活动，探讨人类共同面对的问题，求同存异地接近各种争端和冲突。中国自古就主张求同存异、和而不同、维护和平。"中国坚信奉行独立自主选择发展道路的权利，维护国际公平正义，反对干涉别国内政，反对以强凌弱"。这是对和而不同的进一步的实践操作，对于处理国际争端提供了方法上的指导。以求同存异建设新时代中国特色社会主义，不仅体现出中国对他国的尊重与友好，而且要建立中国与他国互信平等的安全观，通过对话与合作消解矛盾和争端，维护世界人民共同的利益。

第二节　中国传统伦理文化及现代作用

在中国传统文化中，伦理与政治紧密相连，二者共同影响着中国人的行为方式。中国传统伦理文化在很多情况下以国家、民族、社会整体为出发点，强调人在这三者之中所展现出的精神追求以及道德情操。人们应当在自省修身、反腐倡廉、爱国报国中体现人与国家、民族、社会的联系中体现人的自身价值。国家治理要借鉴这些传统伦理文化的精髓，以此来引导、规制中国的行政伦理走向。

一、自省修身

中华民族高度重视自省修身，强调以自我反省和修身来塑造理想人格，引导人们积极向上。面对新的情况和考验，我们应"吾日三省吾身""与人不求备，检身若不及""见贤思齐，见不贤而内自省也"，以先进典型为榜样，加强自身修养。自省是修身的前提，修身是自省的结果。这种自省能力可以使人进行纠错和自我提升，例如"见贤思齐，见不贤而自省""闻过则喜"等，这种自省能够让我们随时反思，纠正自己的言语和行动。自省修身作为中国传统文化的一部分，容易被人们所接受。我国自古至今强调行政伦理中的自省，并将这一道德引入社会基本的治理之中，做出更多、更好的有利于社会发展的行为。自省修身作为保障政治正义的道德前提，追求的是慎独自律的行为准则。这既是中国传统文化在治国方略上的新时代应用，也是我们党内生活的组织纪律。每一个共产党员只有在道德上加强自省修身的认同，才能在党性修养上保持自觉性，进一步建立健全党内生活。只有如此，我们党才能在具体实践中体现出执政为民的出发点和落脚点。

二、反腐倡廉

中国传统文化中国许多关于反腐倡廉的表述，例如"公生明，廉生威""诚欲正朝廷以正百官，当以激浊扬清为第一要义""奢靡之始，危亡之渐"等。反腐倡廉是在新时代中国特色社会主义对于人民的负责行为，对于反腐倡廉的重视，体现了中国共产党有责任、有戒律的优良作风。反腐倡廉还应从"坚守节约"入手，从思想上肃清腐败因子，禁止奢靡之风蔓延。我们强调传统文化中的反腐倡廉观念，既是对中国优秀传统文化的回归，又是运用马克思主义解决各种问题的具体展现。马克思主义坚信人具有社会属性，这种属性是人在后天的交往实践中产生的，即人也是存在于各种社会关系之中。中国传统文化中的反腐倡廉思想与人的社会属性相结合，有利于打造清廉的政治生态。腐败是破坏社会关系的错误手段，不仅导致了公权力的滥用，也致使道德失范。在腐败蔓延的前提下，各种机会、起点、分配、结果都会陷入不公平，导致社会矛盾的引发。宣传中国传统伦理中的反腐倡廉思想，以形成公平的社会关系为主旨，寻求人民群众满意的社会意愿，尊重人民群众的主体地位。清廉是官员从政的道德规范的具体体现，也是共产党人做人之本、执政之要。心中有清廉，行动才能秉公，自觉抵制低级趣味。因此，官员的为政之德不仅要用党纪国法来约束自己，还要以修身重德的方式来提升行为上的品位，努力达到高尚的境界。政府对于廉洁从政也要给予重视，以为人民服务为执政规范，将人民群众是否满意作为基本标准。对于政府的管理行为，必须加强监督，防止权力偏颇。按照马克思主义理论，政府和官员的权力是源自人民的，这种让渡行为会导致权力异化，容易由"公仆"变为"主人"。因此，对于拥有权力的部门和人员必须加强监督，这也是现代国家管理体系的通行做法。

三、爱国报国

新时代中国特色社会主义事业需要人们的爱国报国之心，这是建设社会主义现代化强国的动力之源。在思想观念多元化的今天，我们需要以爱国之心、报国之志为实现中国梦而努力奋斗。林则徐的"苟利国家生死以，岂因祸福避趋之"的报国情怀，有助于我们树立正确的世界观、人生观、价值观。每一个中国人都应该树立爱国报国的伟大志向，无论从事何种职业，都应该"位卑未敢忘忧国"。"实现中华民族伟大复兴的中国梦，是当代中国爱国主义的鲜明主题"，这一要求体现了爱国报国情怀已经从古代延伸到当代,不仅要在思想上爱国,而且要在行动上爱国。传统的爱国报国思想要进行现代性的转换,希望全体中国人都能以爱国为前提,树立报国之心,以共同的行动实现中华民族的伟大复兴。我们应该担负起自身的责任,深入理解新时代中国特色社会主义发展理念,以自身爱国报国的实际行动实现创新驱动发展战略、人才强国战略、科技强军战略。爱国贵在行动,报国贵在坚持,在实践中彰显爱国的情怀,体现报国的志向。爱国报国这一情怀的实现需要千千万万的中华儿女共同努力,并落实到具体的行动上。只有将爱国的情感做出自觉的外化,才能体现报效国家的实际成果,从认识与实践上成为一个真正的爱国者。

第三节 中国传统法治文化及其作用

党的十九大报告指出,要"坚持党的领导、人民当家作主、依法治国有机统一"。传统法治观念中有许多可以借鉴的地方,新时代的中国以此为源头活水,依照传统法治文化的精髓展开深入探索,力主制定适合中国国情的法律。

一、"以法治国"

依法治国是对中国传统以法治国观念的延伸。以法治国作为中国传统法治的重要思想,不仅存在于法家的观念中,也是其他学派的治国主张。以法治国,即法律来治理国家。中国传统文化中有诸多关于以法治国的思想,例如"法者,治之端也""道私者乱,道法者治""法立,有犯而必施;令出,唯行而不返""国无常法,无常弱。奉法者强则国强,奉法者弱则国弱""法令行则国治,法令弛则国乱"等。现代社会可以以此为参照，在法治模式的框架之下做出实效性建设。尤其是在反腐倡廉方面，要苍蝇老虎一起打，严惩腐败分子。这一法制严明的举措让人民群众感受到了司法实践中的监督与制约。法治中国的建设应落实到各个方面，健全法律法规、实施冤假错案责任追究机制、完善法制机构改革、强化责任机制，号召全体人民遵从和信仰规则，提升法治政府的公信力。科学立法是提升立法水平的重要途径，必须要制定有利于国计民生、社会稳定的法律，破除阻碍全面深化改革的各种弊端，保障人民群众分享科学立法的"红利"，以此完善中国特色社会主义法律体系。具体的法治建设中，必须以宪法为统领，"依宪治国；依法执政，关键是依宪执政"，以宪法为法治建设的基本方略。宪法明确规定："全国各族人民、一切国家机关和武装力量、各政党和各社会团体、各企业事业组织，都必须以宪法为根本的活动准则，都必须遵守宪法和法律。"这是从法律的源头开展依法治国的重要举措，也是加强法治社会建设的必经之路。依法治国为建设法治社会的重点，必须以此化解社会矛盾，体现公平正义，"努力推动形成办事依法、遇事找法、解决问题用法、化解矛盾靠法"。只有依法治国，人民群众在遇到各种问题和矛盾才会运用法律解决问题，感受到司法的公正。党的十九大报告重申了依法治国的要求，这是传统以法治国思想走向现代法治的前提，也是社会主义法治国家的核心建设。中华优秀传统文化与依法治国有着内在联系。现代化国家都强调法治的必要性，对于这些传统法治观念的阐释，说明了中国自古就是重视法律的国家。当下，我们应该发扬尊法敬法的思想，这是因为"依法治国是党领导人民治理国家的基本方略，法治是治国理政的基本方式，要更加注重发挥法治在国家治理和社会管理中的重要作用，全面推进依法治国，加快建设社会主义法治国家"。我们要加强法治中国的建设，"党领导人民制定宪法和法律，党领导人民执行宪法和法律，党自身必须在宪法和法律范围内活动，真正做到党领导立法、保证执法、带头守法"。这是中国共产党运用法律治理国家的重要表现，也是中国共产党向全世界展现依法治国的重要方式。领导干部也要加强法治要求，"首先，领导干部要懂法，'为官之义在于明法'。知道哪些可为，哪些不可为。'明'也是让自己懂法，在内心拉一条底线。其次，领导干部带头遵纪守法，所谓'子帅以正，孰敢不正'，才能让法令顺利推行。最后，领导干部执法时要公平正直，理国要道，在于公平正直"，以传统文化结合实际工作阐释执法之道。

二、法尚公平

法的本意是平之如水的意思，它代表着公平正义。传统法治观念中很早就有法尚公平的思想，例如，"法者，所以兴功惧暴也；律者，所以定分止争也""法令既行，纪律自正，则无不治之国，无不化之民"等。这些传统法治文化，沿袭了法律崇尚公平正义的本质，依然是当今社会的法治轨道的基本精神。只有以法尚公平作为依据治理国家，使社会全员都按照规则和程序办事，才能正确反映人民群众的利益，维护公民的合法权益。为了使法尚公平的观念反映社会的进步和需求，立法机构应按照中国的国情需要和时代发展制定、修改法律，更好地协调各种利益关系。这一与时俱进的科学做法体现了对于公平正义的追求，为群众的价值观提供精神指引，为全面依法治国提供法理上的保障。全社会要贯彻法尚公平思维，使之铭刻于全体中国人的内心，消解人情社会的各种弊端。这既是中国保障自身合法权益的方式，又是加强新时代中国特色社会主义法律体制的必经之路。法尚公平应该在实践中贯彻，将全面依法治国建立在此思维之上，推动法治轨道各种工作的运行。全体公民坚持了法尚公平观念，必然能够遇事找法、依法行事，有效消解各种社会矛盾，形成良好的法治生态体系。法尚公平让人民群众自觉认识法律的重要性，在自觉遵法守法的同时，消除权大于法的错误观念，发生问题可以依法维护自身的权益。法尚公平的观念还可以作用于领导干部，以此贯穿治国理政之中，推动法治文明的建设。现代国家需要的法治建设离不开法尚公平，这能够为国家树立公平正义的氛围，让全体公民行事时思考是否合法、遵循按照法律、规则办事，而不是投机取巧、找人批示，以平等、公正的思维做到依法办事，现实法治国家的社会公平正义。

三、德法相济

中国传统社会治理的表现之一是德治与法治相互结合，在不同领域发挥各自的作用，正如孟子所言："徒善不足以为政，徒法不能以自行。"古圣先贤很早就认识到道德的实行方式过软，难以形成制度上的约束；法律实行方式过硬，对于政权会造成负面影响。因此，大力主张德法相济，例如"宽猛相济""阳为德，阴为刑""制礼以崇敬，立刑以明威"等。建设法治社会，必然不能忽视道德的自律作用，因此"坚持依法治国和以德治国相结合，使法治和德治在国家治理中相互补充、相互促进、相得益彰"。道德的自觉践行离开不法律的保障；法律的践行有赖于道德上的内化。道德与法律犹如鸟之双翼，道德难以控制的领域，法律可以通过强制性规范发挥作用，法律无法规制的领域，道德可以约束恶性行为。建设中国特色社会主义，法治是基本的治国原则，道德是保障社会良好运转的有力手段。法律和道德能够规范社会行为、调节社会关系、稳定社会秩序，在国家治理中具有不可替代的作用。德治与法治的结合，是中国特色社会主义法治道德的一个重要优势，也是对于中国传统社会管理模式的传承。二者的结合，体现了中国对于自身法治建设的探索，更是现代社会的迫切要求。中国已经进入全面深化改革的阶段，要面对诸多机遇、挑战、风险以至矛盾，这时候不仅要推进依法治国，也要提升人民的道德境界，使群众懂法律、讲道德。二者的结合，既是用法律这一硬约束规范群众的行为，又是用道德这一软约束从思想道德观念提升精神境界。法律对道德具有保障力度，道德对于法律具有滋养作用。二者的共同坚持，才能对法治中国的建设起到良性作用。

第四节　中国传统智慧文化及现代作用

中国传统智慧的中优秀成分运用于实践之中，可以推进新时代社会主义现代化的建设，防止"新办法不会用，老办法不管用，硬办法不敢用，软办法不顶用"的情况。

一、整体性智慧

中国传统智慧将纷繁复杂的事务看作一个整体，主张全面地看问题，例如，"不谋全局者，不足谋一域""睫在眼前犹不见""见骥一毛，不知其状；见画一色，不知其美"等。这些都说明了事物整体性的重要作用。现代化建设必须要思考整体与部分的关联性与结构性，必须沿袭这些传统文化中的整体性智慧，例如，改革事业必须要全面推进、全面协调、全面发展，以保证两个一百年目标的实现。新时代坚持和发展中国特色社会主义，我们要运用整体性智慧，站在全局性的高度审视中国的内政外交、国防建设、治党治国、经济发展的战略步骤。这是中国系统思维的产物，也是我们当前统领实践、协调各个环节的必要指导原则。由整体性智慧产生的"五位一体"的总体布局，体现了中国社会全面发展的战略步骤，展示了中国社会全面进步、全局发展式的实现路径。"五位一体"的整体布局将经济、政治、文化、社会、生态五个方面的建设统一于建设社会主义现代化强国，进而实现中华民族伟大复兴的中国梦。要让这五个要素之间彼此联系，发挥作用，加强五个要素的关联性，突破狭隘的眼前论和要素论，使中华民族实现伟大复兴。以整体性原则来分析当前社会的发展问题，是按照中国在新发展阶段的全局性趋势与中国传统文化的结合。将中国的发展看作一个不断向前发展变化的有机体，围绕统一规划、整体协同的方式前行，而不是将各种社会要素随意地搭配，寻求的是各个要素彼此之间的沟通与联系。

二、创新性智慧

创新在传统文化中有诸多体现，对炎黄子孙产生了深远的影响。当代社会要大力提倡创新，并将创新列于五大发展理念之首。传统文化中的"苟日新，日日新，又日新""不日新者必日退""穷则变，变则通，通则久"等思想，认识到事物是不断发展变化的，强调不应该用老思想、旧眼光看问题，应该以创新思维来解决问题。在中国传统文化中，创新思维是一种开拓进取、因时制宜的科学思维。这一科学的思维有助于冲破束缚，认清事物发展变化的趋向，运用变通的观点来处理问题、解决问题、筹划全局，实现开拓式发展。当今中国对于创新极为重视，它事关国力发展，"在激烈的国际竞争中，惟创新者进，惟创新者强，惟创新者胜"。因此，我们应时刻关注形势的变化，把握不同的发展阶段以及特点，随时调整工作的进度和方法。要打破惯性思维，改变落后的思想观念、工作思路以及工作步骤，努力做到方法创新与理论创新。方法创新是关于技术、科技、模式、手段等方面的创新，对于科技建设极为重要，应将科技创新放在国家建设的重要位置，大力"建设科技创新高地，不断提高原始创新、集成创新和引进消化吸收再创新能力"。理论创新是对原有理论的突破，"理论创新的过程就是发现问题、筛选问题、研究问题、解决问题的过程"，"理论的生命力在于创新",这是探索新知的重要途径,也是解决新问题、开创新局面的重要手段。无论是方法创新还是理论创新,我们都要认识到革故鼎新永无止境,一定要打破僵局来解决问题,运用创新理念做出新的解释。

三、辩证性智慧

中国传统文化中有许多体现辩证思维的内容,例如,"泾溪石险人兢慎,终岁不闻倾覆人。却是平流无石处,时时闻说有沉沦"等,这些对后人产生了深远的影响。我们既取得了辉煌成就,还存在一些问题。成就与问题正如"石险"与"无石"一样,是矛盾的双方,彼此相互依赖,朝着相反的方向转化。因此,我们在深化改革中要警惕"无石",不能掉以轻心,避免沉沦。越是形势大好,越要谨慎前行,不能让成绩转换为问题,也不能忽视深化改革中存在的问题,要通过整改措施使其转变为成绩。辩证性智慧以矛盾的同一性分析了全面深化改革的问题,大力主张从大局出发,对各领域的改革作出统筹规划,"坚决破除一切不合时宜的思想观念和体制机制弊端",将这些问题转化为成绩。杨万里的"莫言下岭便无难,赚得行人错喜欢。正入万山圈子里,一山放出一山拦",说明要时刻保持警惕,避免出现问题,谨慎前行,保持深化改革的成果。深化改革要让改革的成果更多地惠及百姓,防止各种问题的产生,增加国家现代化风险治理体系的建设。我们应运用辩证性思维观察事物,顺应时代发展要求深化改革,调整生产力和生产关系不适应的环节,满足经济发展的需要;调整收入的分配制度,消解社会矛盾;调整人与自然之间的关系,抵制不环保的行为;加强执政党的执政水平,消除腐败现象,推进党风党建的发展。可见,辩证性思维不仅适用推进改革发展,还能顺应社会的整体发展以及人民的意愿。

传统文化在这些领域绽放光彩,体现新时代对于传统文化的两创式发展。中国将传统政治文化、伦理文化、法制文化、智慧文化应用于实践，这是对于中国传统文化的正确分析，即以事实就是的态度对这些传统文化进行发掘，使中国传统文化发挥时代作用。传统文化中有不好的部分，要坚持古为今用，去粗取精、去伪存真，批判地继承。这一客观的态度强调了中国传统文化具有鲜活的生命力，能够在新时代中国特色社会主义的文化事业中发挥巨大的作用。我们以扬弃的态度挖掘传统文化中有生命价值的部分，并在具体领域凸显其传统文化的现代性。这一主张既是对传统文化走向现代化的推动，也是对于一些人盲目附和西方价值观念的批判。我们看待世界、社会和人生，应该有正确的价值体系。中国正处于全面深化改革时期，经济得到了巨大的发展，文化上也要加快建设的脚步。经济发展要与文化并行，才能适合现代化建设的需要。如果文化上出现匮乏，经济就缺乏可靠的支点，人民群众就会缺乏凝聚力，影响社会主义现代化的建设。现代化的生活节奏过快，很多人在忙碌中丢失了精神生活。因此，我们要对具体领域的传统文化进行时代转化，实现文化上的变革，寻找中国人的精神归属，同时实现经济与文化的良性互动、和谐发展。国家呼唤人文精神、倡导提高国民素质。我们要在中国传统文化中挖掘有利于社会主义现代化建设的资源，赋予其新意，并以具体领域的传统文化的时代转换来实现中国文化的自我继承、自我发展。

第三章　中国传统文化的独特观点及其时代应用

中国传统文化所具有独特的观点在历史进程中起到过积极作用，至今依然对民族发展和国家建设具有借鉴意义。这些优秀的特质，扎根于每一个中国人的心中，并成为推动社会发展的不竭动力。中国传统文化的独特观点，已经深植于中国人的血脉之中，彰显出文化自信。中国传统文化是中国人的精神家园，我们应大力从中吸收精髓，使其转换为现代价值。中国传统文化承载了几千年的文明，它其中的精华依然在现代社会焕发活力，并可以启迪中国人的生活方式和思维方式。

第一节　义利观

关于义利之辨，中国传统文化中具有多种观点，例如，先义后利、重义轻利、重利轻义、尚利去义、义利对立、义利统一等观点。从实践层面来看，义利不能完全对立，二者是统一的关系。

人类在 20 世纪经历了两次世界大战，战争使人类饱受痛苦。21 世纪以来，人类依然面临各种棘手的问题，例如经济全球化遇阻、生态问题、地缘政治矛盾问题等。这些问题带有普遍性和不可回避性，不是仅凭一个国家就能解决的。解决这些问题牵扯到各国的利益，各国必须放弃自身的暂时利益，站在人类总体的高度来解决这些问题。义利观作为解决利益纠纷的伦理思想，呼唤各国辩证地看待义利问题。新时代的中国，从国际视野出发，将义利统一起来，树立了义利观的正确要求。

一、义利观在新时代的内涵

新时代的中国依然以传统义利观为价值导向，并结合内政外交，对义利的内涵作出了新的诠释，以规范现代经济社会的个体与群体的品德。这既是对儒家思想的现代转化，又是以自制的方式引导社会道德秩序。新时代的义利观是中国传统义利观在新时期的发展，对于我们的内政外交有巨大的影响。当代中国不仅强调利的物质性作用，还强调道德实践是否符合义。

（一）新时代视野下义的内涵

我国"坚持和积极践行正确义利观，讲信义、重情义、扬正义、树道义"，将义与信义、情义、正义、道义联系起来，体现了义的约束性与联系性。当前的国际关系已经呈现出你中有我、我中有你的交汇共融型发展，这时我们就要重新思考义的内容。从具体实践来看，义具有深刻的内涵以及巨大的广泛性。

1. 合宜的道德

义所体现的合宜的道德要求人们将心中的自我规范外化，待人接物要体现出合适的行为。义的基本内涵之一体现为合宜的道德，并与国家的价值追求相互联系。面对风云变幻的国际秩序，中国只有推动国际秩序走向合理化道路，才能体现出有话语权的外交，这就必须坚守义。我们应在国际关系中进行考查义，重视义的正当性，强调正义的国际外交形象，反对逢强必霸。以义来推动国际秩序变革，是中国当下体现国际正义的有效途径。中国在国际事务中表达出的"有原则、讲情谊、讲道义"外交观念，正是义作为合宜的道德在新时代的具体展现。我国在"政治上要秉持公道正义，坚持平等相待，遵守国际关系基本原则，反对霸权主义和强权政治，反对为一己之私损害他人利益、破坏地区和平稳定"。因此，义在国际关系层面而言，既是中国的外交方式，也是中国伦理价值上的精神追求。义作为大国的道德约束，能够合乎礼义地面对各种机遇与诱惑，达到自律自制的境界。用义来约束国际行动，是中国外交的准则，也是中国对他国的尊重。

2. 有困难时出手相救

义的原意是指对他人有困难时出手相救。义不仅是人的道德追求，也应该是中国外交的价值追求。中国坚持用道义行事，帮助其他国家摆脱困难。在中非合作中，凸显"中非关系最大的'义'，就是用中国发展助力非洲的发展"，帮助非洲消除贫困。为了寻找国与国、国际联盟之间的利益共同点，中国好善乐施，向发展中国家提供帮助，"永远做发展中国家的可靠朋友和真诚伙伴"。这是中国讲团结、讲情谊、讲担当的大国风范体现，也是中国讲和平、讲友好、讲合作的新型崛起方式。2014年，埃博拉疫情暴发，中国第一时间向西非提供了大量的人力、物力的援助，体现了大国的道义。中国的援助措施，展示了中非之间深刻的友谊，也使中国的义利观经得起真正的考验，这与一些发达国家在疫情初期不作为的态度形成了鲜明的对比。2015年中国出资建立"中国气候变化南南合作基金"，以此来支持其他发展中国家特别是最不发达国家向低碳发展转型，走绿色创新道路，建立气候治理体系，并增加其气候适应能力的建设。这是中国主动承担国际责任，对其他发展中国家施以援手，提供资金支持，既是对于义的展现，也是履行国际义务的表现。可见，新时代的义利观，不仅重视道义，而且将大国重视责任的风采展现出来，将落脚点置于人类共同的发展之上，具有前瞻性与整体性。

3. 善恶分明的正义

义具有正义的内涵，中国在国际外交中一直秉承此理念，这也与传统文化中的道义思想相互吻合。义这种思想上的延展性致使中国的外交活动呈现出合理的取舍，并与国际正义相联系。我国在外交关系中坚持正义的理念、原则，从不干涉他国内政，主动承担国际责任，从不推卸责任。这一思想富有正义感，批判唯利是图，体现了传统伦理思想的现代价值。为了推动国际关系的合理化，中国在国际社会中多次谈及公平正义，以便更好地维护好中国与其他发展中国家的权益。善恶分明的正义渗透到国际关系视野之中，具有和平与和谐的政治价值，为中国的国际形象赢得了信赖。只有坚守正义，才能得到平等的对待。中国坚持具有正义内涵的义，凸显了日渐增强的国际事务处理能力，也有利于促进世界发展的多极化，减少国际矛盾的产生。以义作为中国外交的准则，能够有效维持国际秩序，展现道义优先的外交伦理。只有坚持大国的正义，中国才能在纷繁复杂的国际形势之下建立各种同盟关系。义所包含的国际正义是中国将自身放置于人类命运共同体中的深刻思考，也是对整体人类命运和长远利益的深刻总结。

(二) 新时代视野下利的内涵

新时代的义利观突破了传统儒家义利观的分立，将二者的关系进行了重新的解读。这一义利观既重义，又言利，展现了中国对外交往的道义与利益的并重。利是在世界经济中合理地求利，包含了国家意识以及利益机制的驱动。这一义利观中的利是指某种特定行为所产生的效果，又具有多层次的内涵。

1. 国家利益至上

国家作为利益实体，要追求自身的主权利益，在国际局势中掌控自身的利益。中国作为一个国家，有自身的特定存在，必然要以国家利益为重。"任何时候任何情况下，都决不放弃维护国家正当权益、决不牺牲国家核心利益"。众所周知，一个国家在国际社会中生存，必须有维护自身利益的能力，如果缺乏这种能力，这个国家就难以同他国对抗、竞争，甚至连合作都无法进行，乃至有亡国灭种的危险。利必须强调捍卫国家利益，这是保证中国实现国家目标、维护国民利益的重要保障。新时代的义利观在国家利益的原则问题上必须态度明确，保护国家的核心利益。只有国家利益得到保障，人民的利益才有机会实现。国家利益与个人利益是紧密联系的，失去了国家的庇护，个人的利益难以保障。当前的中国，面对快速发展的科技、全球经济一体化的合作形式、国际局势的风云变幻，必须要以自身国家利益为重，利用各种国际机会发展自己，增加自身的实力。具体而言，中国不仅要将主权完整、国家安全、国富民强作为国家的重要利益，还要提升文化的软实力，增加经济实力。

2. 人民群众的利益

"任何时候都要把人民利益放在第一位"，这是我党工作的出发点和落脚点。利肯定个体的人追求合理的利益，更注重人民群众的利益，并多次强调办好人民满意的外交。中国在外交事务中坚持新时代的义利观，其目的之一就是使人民群众获得更多福祉。"人民对美好生活的向往，就是我们的奋斗目标"。在此，中国将人民群众的生活目标与中国外交事务相结合，关注民生，体察民情，旨在以综合国力提升人民生活水平，保障人民的利益得以实现。可见，国家的内部环境重视了人民群众的利益，国家的外部环境必须思考与民众实际利益相关的问题，只有这样才能安邦定国。中国重视国家利益必然会重视人民群众利益，这是保证国家主权的利益趋向。为民谋利既是传统义利观的归旨，也是马克思主义理论的要求。追求万民之利的义利观体现的是国家情怀、济民情怀，是实现中华民族伟大复兴的巨大力量。中国为了人民的整体利益，发展生产、繁荣经济，以提升国民生活水平。这是从走中国道路的角度来探义利观，其目的是要全面深化改革，实施创新驱动发展战略，"加快从经济大国走向经济强国"。新时代的利将人民群众的利益放在首要地位，还大力发展海外民生工程，并为海外同胞提供服务与保护，大幅度提高了全民族的生活水平。中国外交关注人民群众的利益，既是追求国民幸福的重要途径，也是实现中国梦本质内涵的具体行动。

3. 个人的合理利益

当下社会的进步与发展，对利必须要有合理的肯定，鼓励人们追求正当的物质利益。在个人利益方面，要兼顾国民收入分配，考虑国民的生活水平的提高，保障个人合理的利益。社会主义市场经济前提下的个人利益显得更加重要，这是因为个人积极和主动的工作状态可以推动社会经济发展。只有充分保障个人的合理利益得以实现，才能激发其更大的工作热情。人们要在自身的岗位上追求自身的合理利益，尽职尽责、爱岗敬业，更好地用自身的努力来实现国家的强大，保障国家利益和主权利益。个人合理利益的增加也有利于国家和人民利益的增加。这是对传统谈利色变观念的否定，也是对劳动者在社会分工与合作中所实现自身利益要求的支持。市场经济吸纳整个社会的要素而进行经济运转，能够给人类带来巨大的财富，进而促成个体追求自身利益的合理性。以交换环节为例，个体的人既是需要谋利的生产者，又是满足他人需要的服务者，这种互利性是市场经济下，人们等价交换的原则，个人的正当利益必须要给予保障。因此，正确义利观中的利必然要与国家利益、个人利益相联系。国家利益与个人利益是辩证统一的，二者都与利有着直接的关系。我们要坚持新时代的义利观，明确国家命运与个人命运的直接联系，维护国家利益的同时，追求合理的收入分配。我国对于民众正当利益的重视是巩固国家政权的重要表现，这是因为民生问题决定着国家的发展前途。大力提高人民群众的生活水平,是国家工作的重中之重。这与西方社会重政治权、轻民生权相比,形成了明显的反差。

4. 国际合作中的双赢

"利,就是要恪守互利共赢原则,不搞我赢你输,要实现双赢"。在当下的外交事务中,中国积极践行的义利观,赢得了国际友人的普遍赞誉。新时代的义利观所体现出的彼此双赢的价值判断,是中华传统文化所倡导的天下大同的伦理道德规范与行为准则,也是社会主义国家的核心价值。我们必须摒弃西方社会利益至上的模式,坚定以义为先的国际责任,追求国际合作的长远发展,实现义利共赢。中国多次强调,各国在未来的贸易合作过程中,要"拓展发展新空间,实现优势互补、互利共赢,不断朝着人类命运共同体方向迈进"。国际合作是当今世界发展的趋势,这一趋势体现了更广阔的国际范围、更高深的科技水平。中国早已认识到了国际发展战略的重要性,将国际合作中的双赢作为利的内涵,努力促进各国之间的发展与融合、收益与共享。共赢获利是各国携手面临经济合作与人文合作的重要形式,也是各国政策的主导方向,其作用是贸易更加畅通、交流更加宽广、可持续发展的状态更加优质。当前国际社会都意识到战争的破坏性作用,以合作共赢为共识,协同互补、共同进步,使合作者之间都成为贡献者和盈利者。中国本身也是国际合作共赢的积极倡导者,主张以"海纳百川的胸襟,坚持共商、共建、共享原则,相互尊重、民主协商、共同决策,在开放中合作,在合作中共赢"。

二、义利观在新时代的特点

新时代的义利观体现出我国积极处理国内国际关系的政治伦理追求。这一义利观对义利关系进行了分析,强调义利平衡、以义为先,将义与利辩证地统一起来。新时代的义利观对于中国维持世界秩序起到了积极的推动作用，是中国对于国际关系伦理的深度把握。新时代的义利观将义与利协调起来，将个人与国家结合起来，将民族利益与国际道义融合起来，将中国发展与国际合作结合起来，超越了狭隘的目的论。新时代的义利观以开放的胸怀增加了中国政治伦理的时代价值，促进了中国公共事务管理的宽泛性，并呈现出三大特点。

1. 科学性

新时代的义利观是新时期的社会共识，也是人民群众对义利的深刻领悟与外化，同时也是道德践履的过程。中国在全面深化改革的进程中以新时代义利观为指导，既使人民群众找到道德指向，又使共产党员得到信念支撑，以扩大开放的方式应对国际挑战。中国秉承新时代的义利观，以互利共赢、平等相待为外交智慧，消解国际矛盾，顺应时代潮流。由此看来，新时代的义利观不仅摒弃了唯利是图，还摒弃了唯义主义。这一义利观融合了传统与当下的理论，以爱民惠民为宗旨，最终落脚点是利民、利国以至利天下。新时代坚持义利观的主张，有利于提升中国的世界影响力，使中国以和平发展、公平正义的姿态展现于国际外交之中，有助于化解各国之间的矛盾，增强中国在世界上的影响力与吸引力。同时，新时代的义利观还体现了国际关系的现实性与客观性，是务实性外交的体现，既要兼顾道义照顾他国利益，也要专注长足发展。外交活动中利益关系极为复杂，新时代的义利观是通过义来协调国家关系，减少矛盾冲突，使利益双方统筹兼顾，共同进步。这一富于正义的义利观对于传统的忽视实际利益的义利观具有纠偏作用，更有利于中国的发展。中国以义利观为行动理念，推崇义利兼顾、义利平衡，以互相尊重为发展的前提，有利于体现中国与他国合作的真诚与决心。相互依存的国际合作必须要秉承和平发展的行动指南，不能居高临下、自私自利，否则会引起消极的连锁反应，导致多种国际矛盾。新时代的义利观促进了中国坚持外交上的正义,也是中国政治良治善政的时代体现,积极地改善了不合理的国际秩序,有利于增强中国的国际感召力。

2. 道德性

新时代的义利观存在背景是处于中国经济实力大幅度提高的时期,这一思想能使中国面对国际形势中的各种挑战和多种利益时,以道德法则参与国际行动,以积极的态度融入全球化。新时代的义利观所体现出的道德性重点表现在国际外交上的和平发展。中国不仅用义利观来保证良好的外交形象、发展中国特色社会主义外交关系,而且用来维系世界的和平与发展。需要注意的是,中国没有抛开义谈利,既要用道德来限制利,又要做到义利的平衡,将义与利相互限制起来。这是因为在国际关系中,每个国家都会维护自身利益,必然会发生各种矛盾。新时代的义利观是解决冲突、化解矛盾的重要方式。义是协调、平衡各种利害关系的重要道德准则。中国以义为价值取向,为国际竞争注入了道德元素,强调用义来消解各种紧张的关系,倡导协作式的并存发展,最大化地实现双赢。在新的历史背景下,义利观依然属于伦理学范畴,揭示了道德对于物质基础的依存关系,并分析了改善物质基础有利于道德的提升。因此,这一义利观突破了传统社会压抑个体利益的观点,并主张合理的利己主义以保障人的正常生活和社会发展的需要。合理的利己主义在当今社会体现为善德,并不排斥利他主义。当下,中国将义利观与社会主义市场经济相联系,保证各种正当利益的实现,不仅要消除贫困,而且要走文明型发展的道路,凝聚社会共识走好中国道路。中国所提出的义利观旗帜鲜明地体现了求利的正当性,批判了中国人传统观念中的讳言利的错误思想,将利放在重要位置之上。这种超越了利己主义的义利观,将义利关系作了具体的关联,使义与利在一定程度上可以互相转化。由此生成的以义融利、义利兼得等伦理思想使中国的外交方式获得了越来越多的认可，所引发的相关经济活动也为中国的发展提供了巨大的资金链条。

3. 历史性

义利观问题是中国伦理思想史上的基本问题，历朝历代都深刻地探讨道德原则与物质利益之间的关系。中国传统文化社会对于个人利益不够重视，一旦重视利益就是道德败坏的表现，即"君子耻言利"。新时代的中国所倡导的义利观对于合理个人利益的提倡，有利于增加国民对于个人利益的重视，以个人利益丰富社会利益。新时代的义利观融合了古代义利观的优势，从个体的道德修养入手，以社会主义市场经济为背景，形成了一整套的道德规范体系。这一观点继承了古代伦理思想家的理论精华，并深入到全面深化改革之中，"寻找各方面利益的最大公约数"。新时代的义利观使我国的外交理念融合了传统文化的精髓，又体现了积极应对国际挑战的决心，在新的历史时期起到了积极作用。为了更好地促进中国发展，当下的义利观以中国传统文化中的先义后利思想为指导，结合中国积极的处世之道，以共同发展为时代契合点，担负起大国的责任，体现了中国国际外交的不凡气度。这一义利观还继承了古代义利观的最大特点，即将义利关系与爱国主义相互联系起来，时刻以国家利益至上，维护国家的主权安全。继承了古代义利观中的富国富民观点的新时代义利观，满足了国民的合理利益，促进国家的生产发展，创造更多的社会财富；如果国民的合理利益得不到满足，可能导致国家政权的坍塌。在新的历史方位，利必须将个人私利放到人民群众的公利之中，最终实现共同富裕的奋斗目标。因此，新时代的义利辩证统一，这是从历史发展层面对于国家发展、国家安全的深刻思考。

4. 爱国性

新时代的义利观还继承了古代义利观的最大特点，即将义利关系与爱国主义联系起来，时刻以国家利益至上，维护国家的主权安全。义作为道德规范体现着爱国，利作为物质基础体现着国家利益，二者辩证统一地体现了国民与国家的依存关系。国民只有爱国，才能保证国家的发展、主权的完整；国家的繁盛强大才能保障国民得到自身的合理利益；国民追求相应的合理利益，减少过分的私欲，正确处理公私关系，才能促进国家的富强繁荣。因此，义利的辩证统一，这是从哲学层面对于国家发展、国家安全的深刻思考。义利观对于爱国主义的提倡，有利于增加国民对于国家本位的重视，促进中国的强大，进而在外交活动中占据优势。这一义利观是中国传统义利观在新时代的发展，灵活运用了义与利的转化，对于我们的国际外交有巨大的影响。重义的观念已经成为中国人血脉中的文化因子，时刻提醒着中华民族要以义为上，不搞利益至上。

三、义利观在现实当中的指导作用

新时期的义利观昭示的是崇尚道义、合理求利，展现出了我们义利相兼的民族精神，促进了国民的价值导向更加清晰。这一义利观有三种指导作用。

1. 义利平衡

新时代的义利观突破了传统思想文化对利的否定，大力主张义利平衡。在国内方面，市场经济作为法制经济，必须要有统一的规范秩序来调控。这种规范是以稳定正常的秩序为基础的，必须要求作为市场主体的人们建立道德上的秩序意识。人们的道德秩序意识与社会规范的相互通融，进而更好地推动市场经济的发展。义即是道德秩序的一种，它可以转化为社会规范，调控现代社会的工业生产力发展方向，使新时代中国特色社会主义经济建设有了导向，最终获得适宜的、正当的、合理的利。在国际方面，"我们要注重利，更要注重义。只有义利兼顾才能义利兼得，只有义利平衡才能义利共赢"。由此可见，中国要用义来维护好自身的国家形象，维护国际正义，维持稳定合理的国际政治秩序。同时，崛起中的中国不能忽视利的巨大作用，必须要维护国家利益。世界经济一体化的发展，加强了国与国之间的联系，每个国家都不能片面地追求自己国家的经济利益，否则会导致经济失衡滑坡的连锁反应。国际关系必须摒弃以往西方世界利益至上的错误思想，在全球经济一体化的前提下，避免争权夺利的结盟与对抗，实现世界市场的协调发展。国际交往必须彼此两全，保持共赢，"有义利兼顾才能义利兼得，只有义利平衡才能义利共赢"，在你中有我、我中有你的大环境中共同发展。义利平衡理念具有时代价值，并且具有创造性价值，成为中国特色的主要展示方式之一。中国主张义利兼顾，将中国的义与他国的利结合起来，是出于对未来国家的发展、民族的命运的思考。中国将义与利辩证统一起来，力图实现二者的共通。义利兼顾体现义与利的相互作用，是人们追求最大化发展的过程。

2. 以义为先

重义的观念已经成为中国人血脉中的文化因子，时刻提醒着中华民族要以义为先。新时代对义的强调体现了一种德性主义的经济伦理，它要求限制性地获利，这对于我国的经济建设具有导向作用。先义后利，最终才会获得真正的利。如果仅仅追求利，未必会得到利。中国的外交关系妥善地处理了义与利，并强调"国不以利为利，以义为利也"，坚持国际正义，展现社会主义道德。这一以义为先的价值取向既是中国传统伦理所发挥的现代价值，又是中国体现德善风范的有效方式。中国外交秉承古语"君子义以为质"，将行义作为根本，并将此理念扩展为外交伦理原则，不谋求本国的私立，优先考虑道德的要求。中国还在国际会议上强调"不义而富且贵，于我如浮云"，着重考虑利益的正当性，反对过分追求利。因此，我们主张"既要让自己过得好，也要让别人过得好"，以平等的关系处理义与利，设身处地地思考他国的利益诉求，而不是自私地追求本国的利益。以义为上是中国重视义的体现，也是对零和思维的批判，能够有效推进全球治理体系的进程，促进国际关系的合理化。以义为先的义利观体现了中国德性外交的精神追求，超越了利益的感性需求，体现了中国对他国关切问题的尊重。当前中国实力大幅度提升，一些国家大肆鼓吹"中国威胁论"，以义为先的外交策略体现了中国以德性为归依的高尚境界，有助于他国与我国真诚地友好相待，携手共建人类命运共同体。中国对于以义为先的肯定与推崇，极大地提高了中国在国际社会中的形象，为世界经济的繁荣注入了中国传统价值观，为人类共同的发展提供了美好的前景。作为一个爱好和平的国家，中国必然要体现大国风范，倡导以义为先。以义为先体现了中国将自身未来的发展与其他国家的命运前途相联系的宏伟战略，是中国与其他国家共同发展、共同繁荣的前提。只有对于一些国家先提供义的帮助，才能最终实现获利的共同进步。以义为先，不是不要利，而是将义作为先决条件，将利作为后续条件。中国将继续秉持"以义为先的原则，同各国一道为实现2015年后发展议程作出努力"。中国以义为先的思维方式有助于弘扬信义、树立正义，便于解决一些国际争端，消解一些分歧，同时也有利于推动国际关系和平化、民主化。

3. 义利统一

新时代的义利观虽然强调义的先决性与至上性，但是也认为人们可以合理地逐利。针对国际关系的格局，中国超越了单纯的利益至上原则，关注长远发展。新时代的义利观对于义利关系给予了多层次的展示，突破了传统儒家分立的义利观，将义与利辩证地统一起来。义与利不是对立的，在一定的情况之下二者是可以相通的，类似于墨子所说的"义，利也"。在这个意义上，义的内容是利，利则是义的实现方式。义与利辩证统一，以义导利的形式展现出来，义是前提，利是结果，要用正确的手段和方式来取取利。需要注意的是，义与利的协调是有条件的，义是与正当利益才是和谐一致的。这为人们实现合理利益提供了价值导向。

在国际关系上，义利不是对立的，以帮助他国的方式行义，可以获取更多、更长远的利。可见，对于国家利益而言，只有坚持义，才能获得更多、更长久的利，而奉献一定的利也是义的体现。中国以义利统一的理念编织国际利益网络，将国际关系的利益共融提升到新的高度，使我国从其他国家的发展中获得帮助，也使他国在我国得到助力。义利统一的观点体现了中国当下外交的灵活性与相对性，是中国站在长远发展的基础之上看问题。

在国内关系上，义利辩证统一是有条件的，即以公利为义。在我国，义所涵盖的范围十分广泛：人民群众的爱岗敬业、正确认识财富对个人、社会和国家的意义，对利害双方的道德意识等。这需要以合理的利来实现义，将义纳入制度之中，在社会价值观中彰显义，让人民群众认同义，以义来支配合理的获利行为。要将利的合理性建立在国家全面深化改革的基础之上，使求利符合国民和国家的发展需要，突破一般的功利主义，形成以公利为义的道德指向。义利统一以中国传统文化为背景提出的正确义利观注重人民群众的伦理素质，强调伦理手段的发挥。义作为调控方式，利作为结果导向。义规定利，不义的利是错误的利。在当今社会，必须用义来规定、引导利。义作为价值取向，直接影响着私利与公利的获得。我们不能脱离精神文明建设而为功利而功利，否则会陷入庸俗的功利主义之中。保障国家和人民群众的正当利益是一个国家最大的义，实现了这个义，国家与人民群众的正当利益才能更加丰厚，市场经济之下大义与大利才能统一。在此，义即利，利即义，义与利是调整社会主义各种义利关系的出发点和归宿点。新时代的义利观以公利来实现义，追求人民群众的利益、国家和民族的利益，这是在国家内部对义利关系做了更有价值的分析。

四、义利观的重大现实意义

在新形势下提出的义利观,不仅有助于国际外交,也有助于国人摒弃功利主义,辩证地理解义利关系。面对义利冲突的时候,要义以为上,以义统利。我们不可陷于个人的利欲之中,应见利思义,理性地选择利。

1. 服务于社会发展的需要,实现中华民族伟大复兴

从长远发展来看,义利不存在得失的区分。中国为了长期的发展,必须要体现出大国的风范,最终做到以义融利。同时,还需要将先进性与群众性结合起来,从党员干部做起,保障各种层次的合理的利,体现真正的大义。新时代谈利是在市场经济条件下满足人民群众的根本利益,进而促进社会经济发展,提高生产力,提升综合国力,改善民生,这是中国作为社会主义国家优于资本主义国家的具体体现。以义为先并不是杜绝求利,一味追求义,而是反对见利忘义和因利害义。以义为先是为了更好地追求大利。我国将义以为先作为前提条件,是为了取得正当、长远、更多的利益,从而更好地推动中国的进步。包含了走好中国道路意蕴的义利观,展现了新的高度,成为中国国民共同接受的观念,对于实现中华民族的伟大复兴具有重要意义。

2. 推动国际化合作,展现兼济天下情怀

新时代的义利观体现了中国外交活动的返本开新,既有传统义利观的继承,又执着于发展中国家的立场,体现"真诚友好、相互尊重、平等互利、共同发展"。这种综合型的义利观,不仅谋求本国的发展,也兼顾他国的利益,有利于改善国际分歧,推进新型国际合作关系,提升中国的影响力。中国本着互惠互利的原则行使新时代的义利观,体现了和谐包容、天下大同的思想。"中国特色的大国外交"以"双赢、多赢、共赢"义利兼顾思想展开,努力扩展合作的范围,扩大共同利益的融汇点,同舟共济地

增加共同发展的渠道。在国家义利面前，中国强调超越对当前利益的过分追求，主张对正义与道德的追求，并帮助其他发展中国家共同进步。中国将与世界各国深度合作，推动世界经济发展。

新时代的义利观是对中国两千多年义利关系基调的整合，重在将义与利这对矛盾统一起来，形成义利结合的思考模式。从实践角度看，国家道德与实利不能分离，义利观必须同时考虑精神方面与物质方面。这种义利观综合了传统义利观中的各种观点，摆脱了单一谈义或者言利的束缚，体现了义利兼重的道德趋势，更适合于世界的发展潮流。新时代义利观以义利合一的形式展现了传统义利观的自我变革，也是中国伴随着世界性现代化过程的文化整合过程。于义利关系的论说是中国以传统文化融入世界现代化进程的重要表现，但传统义利观并不是无条件地西化，中国必须结合自身的传统本土因素来完成这一观点的自转化过程。义利观问题对于内政外交而言具有深远的影响。新时代的义利观主张二者辩证统一，既要兼顾义利的平衡，又要强调以义制利。从伦理价值观而言，新时代的义利观是对中国传统伦理思想的新突破，体现了新时代中国特色社会主义道德的新趋向。

第二节　和而不同

和而不同思想是中国传统文化的一个古老概念，中国因实际需要将这一概念灵活运用于国际关系之中，使其突破了纯粹哲学的范围，拓展到人类命运共同体的全新空间。和而不同作为一种从古至今的行为规则，体现了中国人灵活的智慧。和而不同作为引导中华民族行为方式的思维观念，反映了不同意见需要相互碰撞、相互切磋、相互启发的认识规律。这一思想在特定的国际环境中发挥了中国智慧，符合世界发展的大势，具有世界价值。

一、和而不同思想的哲学意蕴

和而不同思想具有深厚的哲学意蕴，其中的四个内涵具有整体性的联系，可以应对人类社会所面临的各种现实问题，有利于加强世界各国的联系与交流。这一分析使儒家原有的概念被赋予了新意，突破了西方文化的离散性剖析。

（一）以和为贵

和而不同包含以和为贵，重视和谐的重要性。以和为贵重视事物之间的和谐相处，反对分离与对抗。各种不同的事物形成了一个平衡的状态，达到了多样性的统一。这种统一构成动态的平衡，将各种元素或事物相济相成，相互协调，并能够促进整体性的发展。以和为贵将不同的事物通过和结合起来，形成对立面的和谐状态。它还反对消除差异，主张形成平衡的共同体，并且能够在发展变化中保持生机。不同的元素或事物在和谐搭配之后，能够产生更好的效果，甚至产生新事物。尊重差异性的以和为贵，将平等作为和谐的相处之道，打通了完全不同的两个范畴。以和为贵秉持宽容的态度正视各种差异与不同，将多元统一起来，辩证灵活地和谐共生，这是影响了中国几千年的大智慧。以和为贵、与人为善、忠恕之道等观念世代相传，深深植根于中国人的精神中，体现在中国人的行为规范上。以和为贵将不同事物通过同一性联系起来，强化矛盾的协调性，并通过和而不同保持了事物的个性。这一思维方式将矛盾辩证统一起来，突出了万物共同之理以及万物的差异性。

（二）和同有别

和而不同强调和同有别，以二者的不同来避免系统内部各个要素的趋同，避免产生相同的事物。中国人很早就提倡和而不同的道理。《左传》中记录了齐国上大夫晏子关于"和"的一段话："和如羹焉，水、火、醯、醢、盐、梅，以烹鱼肉。""声亦如味，一气，二体，三类，四物，五声，六律，七音，八风，九歌，以相成也。""若以水济水，谁能食之？若琴瑟之专壹，谁能听之？"可见，和而不同科学地阐明了和与不同的功用，以灵活的态度消解了矛盾，突出不同者之间的共性联系。和与同之间存在着巨大的差异，"和"指不同的成分或元素或事物，它们进行合理搭配之后可以形成新的事物；"同"指同种成分或元素或事物。正如《国语·郑语》所记载的："和实生物，同则不继。"和才能产生新事物，同只能保持原样。和将不同的要素组合起来，形成了多样性的统一体，达到了平衡稳定的状态，即"以他平他谓之和，故能丰长而物归之"，同只是相同要素的机械叠加与组合，仍然是原来的成分，最终形成"若以同裨同，尽乃弃矣"的状态。因此，和与同形成了一组对立的哲学范畴，和是混合物，同是相同物。和能够在混合物的交织下发生质变，产生新的事物。因此，在和、同有别的区分下，要针对不同的情况采取不同的选择，既可以选择和，又可以选择同。在现实中，和而不同主张能同能和地区别各种情况，才是行为的理想境界。

(三) 各美其美

和而不同包含了各美其美的态度。不同的事物可以达成一种全新的同的过程，形成和，这一过程中就包含各美其美的状态。这种全新的同不是消灭了不同，而是保留了所有的各种同，使各种的同找到交汇点，达到了和的状态。多种事物具有各自为美的状态，这种各美其美的状态可以通过相互兼容、相互交织形成和而不同的状态。各美其美是和而不同的前提，不同的事物既可以保持自身的状态，又可以通过彼此的交融形成和的局面。各美其美说明要尊重不同事物的多样性，也要将这些多样性统一起来，达到全新的状态。这一状态吸收借鉴了不同事物其他的美,将矛盾的特殊性统一起来,形成和谐稳定的新事物。中国对此进行了外交上的灵活运用,与其他国家进行文明对话和文化交流,不仅"各美其美",而且"美美与共",成为不同文明和谐共处、相互促进的典范。各美其美是当今国际社会追求和谐的重要方式,也是各国面对不断发展的世界浪潮保持自身的重要方式。

二、和而不同思想呈现出的中国智慧

作为传统儒家文化的和而不同思想,已经有了全新的时代内涵,引领了世界发展的潮流。和而不同思想以中国智慧促进了国际社会交往的改革,并推动了人类命运共同体的建构,影响了各国的思维方式与权力关系,并体现出三种智慧。

(一) 包容性

和而不同思想在社会治理方面具有包容性。它摒弃了二元对立思维,追求"各美其美,美人之美,美美与共"的态势,这是因为非此即彼的思维模式会导致各种矛盾与冲突,使共同的利益受到损失。包容性的和而不同保持了人类共同发展的活力,使各异的事物传承不绝。事物自身的合理性在和而不同的包容性之下保存下来,又能在他者的影响之下得到滋润。包容性不是使自身一味地迎合他者,而是保持自身的独特性,欣赏他者、学习他者,进而提升自身。和而不同的包容性以交融互通的包容性成就了事务之间的协调并进。这种相异事物的融合互通将开放性延伸得更加宽广,有助于吸收彼此之间的长处,研究更加广阔的格局。中国应该本着求同存异原则,协商制定各种合作机制。

中国统筹国内国际两个大局,以和而不同的包容性取得了显著的成绩。在国内的治理方面,中国坚持和而不同的包容智慧,取得了四个全面战略布局的巨大成就。在经济方面，和而不同在经济方面的表现多种多样，例如，在不同的所有制之下所展开的各种经济活动，无论是国有、民营还是股份制的形式，都为了共同的利益或需要而进行合作。在政治方面，和而不同的包容性将诸多的政治变量融合起来，例如参与者的数量、政策、外来影响、比较利益、公共物品的性质、信息舆论、监督机制、合作规模等，这其中的二者或者二者以上的合作便能够产生集体性的合作。在文化方面，和而不同的包容性从多种层次来了解不同的文化，互相取长补短、吸收营养。在社会方面，和而不同的包容性能够管控矛盾分歧。在生态方面，中国既主张构建平等的生命共同体，又主张从人自身道德出发，强调天人合一的和谐状态，以不同的出发点改善人类所面临的自然危机。

在国外的交往方面，为了顺应国际社会的发展趋势，中国以和而不同的包容姿态来解决人类共同面对的问题。在和平与发展的两大主题之下，和而不同的包容性能够各国各民族保持独特性又彼此欣赏接纳，实现互补式发展。人类共同生活在地球上，各个国界、民族没有难以跨越的屏障，如果采取隔绝式发展，必然会导致严重的负面效果。和而不同的包容性为人类命运共同体提供了本土化与全球化的合理尺度，使二者之间保持了弹性与张力，有利于促进人类的相互理解。当下全球问题涉及的内容复杂，仅靠一国力量难以解决，如难民问题、食品安全问题、粮食问题、生态问题、极端恐怖主义问题。这些问题涉及范围广泛，包含内容庞杂，超越了民族性与意识形态，因此，不能只局限在某一国家或某一意识形态之内，必须运用各国的智慧寻求合作，共同解决世界的危机。解决这些问题时，应以"包容互鉴"的和而不同观念为指导思想，发挥各国的优势，承担责任，融合不同智慧携手应对。和而不同的重点不是消除异己，而是承认他方的优异，以此来发展自己。和而不同的包容性可以形成多元共存的结构，减少各种国际矛盾。

(二) 科学性

和而不同思想在决策分析方面具有科学性。该思想作为各国决策分析的指导思想，能够系统地解决一系列的国际社会的问题。这种灵活的协调模式，说明它具有科学性，能够对经济、政治、军事、文化、外交等产生深刻的影响。

和而不同思想的科学性围绕新时代中国特色社会主义的发展阶段、外部条件、政治保证、国际环境、战略步骤等一系列因素展开，以正确的方法论贯穿于当前的时代需要。以和而不同为中心，以此来促进世界各个国家选择不同的方式，达到最优的决策，避免矛盾，顺应和平与发展的时代主题。和而不同将多种个体以普遍性的国家相互关联起来，而不是彼此孤立，符合世界需要以及各国的发展实际以及决策选择，因此具有科学性。

当今时代各国之间的国际外交需要和而不同的运作方式，这也是中国以实际需要为出发点的正确决策。和谐统一作为不同事物的沟通方式，适应当今人类社会的发展，具有鲜明的时代特征。现代国际社会的两大主题是和平与发展，任何一个国家都不会轻易地发动战争，以免伤及自身的发展。各国都将和平与发展融合起来，追求理想的和而不同状态。和而不同思想在国际政策协调过程中，当一国的政策被另一国接受时，二者的合作目标就会确定。合作中的经济状况、政策倾向、利益调适、地域影响、对象选择、国家安全等因素，将单一的国家从独立层面推入到互动层面，从而对国际合作进行影响。在国际社会中，和代表的是国际关系的融洽，不同代表的是政策、思想、价值、逻辑等方面的选择。和而不同将作为利益集团的各国组织起来，并纳入到统一的世界秩序之中，寻找共同利益的最大化。这种和而不同的秩序建设将多元政治体系融为一体，既有各国之间纵向民主，又保证了各国的自我管理，形成了国际组织上的共同体。

和而不同在具体的国际实践之中，反映了各国矛盾同一性的逻辑，其目的在于帮助各国保持自身决策分析的独立性。政治上的合作决策偏重于国家主体间的互动，它坚信国家理性可以使各国通过合作行动获得更多的利益，这是和而不同思想中的和谐合作所发挥的效能。国家理性包含多种理性模式，每一种模式都有自身的目的与用途，以适应自身发展与国际环境的需要。中国以和而不同为起点，将国家利益理性与国家伦理理性统一起来，提出了"中国特色大国外交要推动构建新型国际关系"的主张。这一全新的中国外交战略体现出既尊重个体国家的努力，又重视国际关系整体性的互动。为了化解争端，中国还将和而不同的国际合作应用与人类命运共同体思想，以人类共同的政治目标为起点，进行国际合作与互助，在决策分析上将公与私的矛盾进行了调解。

这些国际空间的共生决策处理方案，体现了和而不同思想的协同性与科学性。和而不同对于复杂的国际关系而言，具有极强的灵活性。和而不同是尊重各国主权完整的重要保证，也是维护国际社会公平正义的外交原则。这一观念能够保证国家保持独立自主的治国权力，不受他国的干扰。国家在维护自身利益时，能够根据自身实际情况，作出独立的决策。和而不同能够保证一国对其他国家的尊重，认可他国的意见和决策，保留反对的意见和呼声。本国强大时，也要维持公平正义，不欺负弱国小国，体现国际性的民主政治。

(三) 前瞻性

和而不同思想在全球合作方面具有前瞻性。它能够努力消除不合理的世界秩序，缓和世界各国之间的关系。中国运用和而不同的智慧，将和谐与不同提到全人类的高度来认识，从世界协同发展的视角去分析与解决问题。只有靠和而不同来协调南北矛盾，加强国际交流，才能共同进步，消解霸权主义的潜在威胁，顺应人类共同发展的大趋势。中国以"你中有我，我中有你"的国际合作作为战略视野，在纷繁复杂的矛盾中寻找同一性，

/第三章 中国传统文化的独特观点及其时代应用/

将多重领域的沟通联系起来。中国运用和而不同思想，用辩证法分析了国际形势，既看到了各国的特殊性，又看到了各国共同发展的趋势，因此大力倡导国际合作的模式，消除强权政治，建设友好往来的合作伙伴关系。具有前瞻性的和而不同思想顺应了时代潮流，一方面坚持特性，另一方面灵活趋同，不以意识形态、社会制度论及优劣，将团结、合作、共赢作为国际合作的共同理想。中国认识到了国际社会分工的深层次与广泛性，也看到了各国对于国际市场的依赖所得出的结论，因此反对孤立地闭关自守，倡导以和而不同思想将各国的多样性与世界的统一性结合起来，顺应世界经济一体化的潮流。中国灵活运用和而不同思想，为世界各国的发展与合作开辟了更加广阔的空间，促进了各国实施更多的积极行动，创造了新的经济增长点。当下的世界格局发生了巨大变化，新兴市场国家与发展中国家迅速崛起，并与发达国家共同形成了全球化状态，演变成了共商、共建、共享的新形势。为了化解争端、平息各种矛盾，中国主张走"对话而不对抗，结伴而不结盟"的国与国交往新路，维护全世界各国的共同利益。中国要营造公平正义、共建共享的安全格局，顺应历史潮流，建立多元化的秩序，要高举和平、发展、合作、共赢的旗帜。可见，中国奉行和平的外交政策，以和而不同的思想推进世界的多极化，保持了国际社会的稳定与发展。和而不同的和平式发展能使各国趋利避害，实现共同繁荣，尤其是各国都能分享红利，特别是照顾了小国的处境。和而不同的思想为世界的发展联系提供了广阔空间，促进各国在互利共享的前提下获得优化的发展环境，打造优势互补、资源供共享、平等协、风险平抑的国际社会。中国以和而不同的思维方式改变了国际视野，超越了零和思维，用共同发展的理念建立了一个世界大家庭，共同解决人类所面临的各种问题，推动了新型国际关系的建立。

中国高瞻远瞩地大力主张加强国际互利的合作，以共同的利益减少纷争的隐患，提升世界安全，发展良好的政府关系，创造较好的经贸合作环境。我们主张大国小国都一样，都可以用积极的行动参与合作需求，发挥各自的要素优势，寻找利益契合点，在现有的基础上促进更大的合作机会，改变几百年来欧洲与其他地区的隔阂。

中国以胸怀大局的眼界促进人类共同的发展，以和谐多元共生开创了全新的历史新境界。和而不同视野下的国际合作符合马克思主义的历史发展过程，展现了世界人民冲破国界的限制，扩展自身的活动范围，体现了实现从必然王国到自由王国的飞跃趋势。各国在现代化过程中必然以多种形式展示自身的民族特色，一体化世界必然会减少民族特色。因此，中国运用和而不同的灵活性将两种导向机制结合起来，倡导追求共享、共赢的国际合作，完成了马克思从民族历史到世界历史的过程。

三、和而不同思想的世界价值

中国尊重各国的差异，所以主张以和而不同的思想建立利益共同体以及责任共同体，使各国都能够分享现代化的果实。和而不同思想在国际社会具有普遍的适用性，可以满足各国的诉求，以全球经济一体化改善西方社会在国际社会中独大的现状，能够保证国际外交的多元化与灵活性。

（一）以多元共享超越了国家利益的局限

在经济全球化大趋势之下，中国既要遵守全球化的各种规则，又要坚守自身的经济制度，辩证地对待国家利益上的和而不同。和而不同思想促进了不同合作主体之间的战略或政策合作，以国家利益理性为基点，在人类命运共同体中不断调整自身国家的行为选择，维护全体人类的共同利益，超越了个体国家的狭隘利益。全球化视野下的各种国际分工促进了各国资源的有机整合，因此，各国对于这种资源分配方式极为重视，并在客观上建立了人类命运共同体的公共意识。中国只有开放合作，加强互动，道路才能越走越宽。经济上的合作不仅使合作者获得利益,也使其产生了合作的认同感与忠诚感,各个国家为追逐经济利益而进行合作,但是不能随意地行使自身的权力,必须遵守特定的框架。这种合作在全球范围内逐渐地普及起来,并不断地改进各国的政策安排,以实现国际合作中的良性互动。这种良性互动是国际社会的集体性认同,在互动中以谋求共同利益来保持一定的自身经济利益,并允许他国的规范在自身允许的范围内运行,形成命运共同体。因此,中国倡导,各国要积极树立命运共同体意识,增加沟通与交流,认清"一荣俱荣,一损俱损"的连带效应,在竞争中合作,在合作中共赢。任何一个国家都会在国际合作中对自身、他国的经济利益进行重新的认识,并建立起集体性的利益认同。这种认同感能够促进公共世界的建立,也能调整个体国家的自我与公共矛盾,以人类共同命运来思考自身国家的抉择。人类命运共同体作为和而不同思想的重要表现形式,极大地加速了中国与世界的进程。在人类命运共同体中,各国以相互依存式的经济利益合作为内因,以集体认同感为外因;以个体的生存、发展取决于整体的现象来保持国家间的共同命运,加强个体国家与合作的同质性,进而保证行动程序的一致;通过自我约束、信任合作者、同时保证个体的正当要求不被合作整体吞噬。中国只有扩大自身与他国的共同利益,尽可能地减少异质矛盾,坚持个体富有正义色彩的行动,塑造各国对合作整体的认同感,才能唤起各国在人类命运共同体对公共理性的关注。

(二) 已开放融合跨越了政治制度的隔阂

和而不同思想促进了不同发展阶段的国家、不同意识形态的国家、不同权力运行体制的国家各取所需地进行国际合作,寻找自身政治利益的同盟。中国以和而不同的政治合作观建立了新型的国际关系,摒弃了冷战时期的意识形态对峙,超越了零和思维等陈旧观念。现代国际社会的发展,需要和而不同的中国智慧,以消解各国不同制度所产生的矛盾、避免战争的痛苦。中国选择和而不同的方式，超越不同的政治制度限制，从各国之间的相关性出发积极发展国际外交活动，加深国际合作的力度。随着经济全球化，国际合作机会增多，各国的对外依存度增加，必须跨越不同的社会道路、国家建设理论以及国家制度的选择。中国希望各国都能超越政治制度，秉承和而不同的观点，通过集体性发展，获得"1+1>2"的积极效应，推动国际社会不断地向前发展，将人类命运共同体的建构形成契约机制，以此约束不正当的国际行为。和而不同超越了国家管理中多种政治制度的界限，将复杂的国际关系融入人类共同体之中，改变了以往西方个体国家仅以利益的延伸影响国际格局。可见，这一思想超越了政治选择、意识形态、发展道路的差异，以各个国家都认同的和平、发展、对话、平等、存异、求同的核心价值传播到国际社会，坚持世界的和平与发展。

（三）以合作共赢变革了全球治理的秩序

和而不同思想建立在国家之上，以国家—群体—世界的逻辑体系构建了合作共赢的全球治理秩序，显示出了强大的生命力。合作共赢的全球治理理念不仅使国际社会的交往扩大，而且能够降低交易成本，不必再次浪费时间和精力在已有的合作规则上。因此，中国希望各国都能够成为全球经济一体下的积极参与者，以各国的主观能动性与共同利益进行国际交流，取长补短、和谐共生，反对霸权主义与强权政治。在国家利益理性的前提下，政治合作将两个或者多个国际行为之间通过利益连接起来，并且达成联合政策步调的一致。这种国家利益理想将国家设定为完全理性或者有限理性的实体，以国家的利益按照成本管理进行核算，尽可能地用最小成本获得最大的收益。在具体的国际关系中，一国必须认识到自身与其他国家的关联性，在彼此共存的前提下，国家的自身利益才可能持续性地获得。以和而不同推进良好的国际政治运行，中国将始终做国际秩序的维护者，加强沟通、交流，坚持走合作发展、互利共赢的道路。可见，和而不同思想是对国际秩序、国际环境、国际规则等全球治理规范的完善，也是平衡国际矛盾的需要。建立了合作共赢的新型国际关系对于各国都是有利的，既能避免大国陷入"修昔底德"陷阱，也能避免小国遭受发展的限制，使国际秩序向合理化、均衡化发展。

和而不同思想包含着以和为贵、和同有别、各美其美、天下大同的哲学意蕴，这些内涵推进了整个世界在经济、政治、文化、社会方面多极化发展，保持了各国的独立性，推动了国际社会的稳定与和谐。这种发展理念，对于中国自身而言具有社会治理的包容性；对于各国的政策选择而言具有决策分析的科学性；对于国际环境而言，具有全球合作的前瞻性，能够促进各国趋利避害，实现共同繁荣。中国以和而不同思想调试了各种国际间的利益，超越了政治制度的阻碍，积极推动大国小国参与全球治理，以合作共赢推动国际社会关系法治化与民主化，为世界各国人民的发展寻找到了路径，有利于适应人类命运共同体的大趋势。"万物并育而不相害，道并行而不相悖。"，因此，中国大力主张以和而不同的思想作为国际交往的原则，坚持和平共处、和谐共生，反对唯我独尊的强权主义与霸权政治，更反对贬低其他国家和民族。这一思想立足于国际社会的整体性，保持了各国的多样性，以和谐相处将国际社会行为体的范围扩大，拓展到全人类的领域。

第三节 天人合一

中国传统文化对世界的重大贡献之一就是天人合一观念。它超越了人类中心的宇宙观，将人类放置于宇宙之中来考虑，使人类与宇宙可以互动共感。现代社会关于天人合一的论述，体现了对于中国哲学的全新探索。

天人合一不仅是需要继承的传统哲学理念，而且是追求人与自然和谐统一的现代思想。

一、天人合一与和谐共生

天人合一是中国传统哲学中的重要概念，德性与人的合一是古代天人合一的主流形态，突出的是德修合一，即先验的道德律令与后天的道德修养的一致，具体是指德性与天的相同或者相通。国人将这一传统智慧应用于生态建设之上，追求人与生态的和谐，保护环境。这表明中国传统文化包含了现代生态意蕴，人与自然之间存在着和谐的关系。

1. 天人合一与生态保护

在中国传统文化中，天是指自然的天或者神灵的天。自然的天又分为与天地相对应的和与人为世界相对应的天。与人对应的天，即自然界，现代生态理论下的天人合一思想中的天就是指自然界。人在中国文化中也有多种含义：天子、一部分人、单独的个人或全人类。现代生态理论下天人合一中的人就是指全人类。天人合一的自然观是中国传统哲学的重要组成部分，是中国古代哲人对于自然的模糊探索。当下的天人合一关注的是空间问题与时间问题，既关注人类的生存环境，又关注人类的持续性发展。天人合一从自然观的角度出发，将人视为自然这一大系统的组成部分。这一传统智慧应用于生态建设上，有助于追求人与生态的和谐，保护环境。中国将人与自然的联系放在重要位置，强调人类生存的源泉是基础性保障。这与征服自然保护区启蒙论相反，突出自然存在的前提性意义。

天人合一是中国传统文化中的重要资源，也是尊重所有生命的社会理想。人类如果想绵延于地球之上，必须建立人与自然相互融合的平等观念，摒弃人类中心主义的错误思想。"要把生态环境保护放在更加突出位置，像保护眼睛一样保护生态环境，像对待生命一样对待生态环境"。尊重自然的存在权利，珍爱自然才能实现天人合一。人与自然的道德关系应该呈现出人类对其他生命的珍视，突破以往人类统治自然界的形象。这种由天人合一衍生出的道德消除了人类中心主义，构建了一个平衡的一元世界。当下，全世界都主张保持生态平衡，对于中国来说，转变发展方式，"还自然以宁静、和谐、美丽"刻不容缓。这是因为"山水林田湖是一个生命共同体，人的命脉在田，田的命脉在水，水的命脉在山，山的命脉在土，土的命脉在树"。整个生态环境是由人和自然界共同组成的，人类应强化合理的生态意识，培养尊重自然、保护自然的自觉性，矫正工业文明带来的环境污染的负面效应。生态环境的保护必须立足长远，不能因为眼前的小利而放弃长远的大利，应以持续性的建设维系人与自然之间的平衡，否则人类就会自食恶果。天人合一要"坚决摒弃损害甚至破坏生态环境的发展模式，坚决摒弃以牺牲生态环境换取一时一地经济增长的做法，让良好生态环境成为人民生活的增长点、成为经济社会持续健康发展的支撑点、成为展现我国良好形象的发力点"。我国主张用人类正面的、积极的精神去建立和维护人与自然的和谐状态，避免在走向现代化过程中出现环境污染问题，切实将发展生产与保护环境结合起来。为了寻求绿色发展，当代中国高扬天人合一的文化价值，强化国人的生态意识，强调绿色发展是新时代中国特色社会主义经济增长的目标。天人合一体现的是人与自然的平衡状态，避免了自然中心主义的倾向，强调了人对于自然的合理开发利用，不能将人与自然的关系理解错位。人是目的，保护自然是手段，不能让人类对自然俯首听命，也不能坚持绝对的人类中心主义，二者的和谐共生才是天人合一的主旨。

中国传统文化认为人类与动物、植物、环境等是紧密相联的。这种天地万物融为一体的状态是现代社会极为提倡的，并成为人类社会的重要文明。天人合一主张在这种复杂的生态系统中保持人与自然的平衡。因此，这种和谐关系不仅体现在人类世界，而且还体现在人与自然之中。人类中心主义使我们所处的生态系统受到了一定程度的破坏，威胁到人类自身的生存，而天人合一体现的是人与天地万物共同的生存状态。面对工业化带来的环境问题，天人合一找到了解决路径。人作为有意识的个体，不仅要与环境和谐共处，而且要体现出负责的精神，要保证生物与环境的持续性发展。天人合一还包含着人自身、自然、社群三个方面。每一个层面相互展开都能相互促进，形成复杂有序的网络结构。人以自身在各个社群中的位置来确认自己的身份；各个社群处于自然之中，通过交错互动寻求人类的昌盛。天人合一思想能够为地球村找到相应的人文反思，能够保障地球环境，为多元主义的和谐共处奠定了理论基础，更为解决世界难题提供了中国智慧。

中国结合现代生态观念以及人类命运共同体理念，对天人合一思想进行了全新的阐述。天人合一重新思考了人与自然的问题，超越了地域、民族以及国家等以人为中心的世界观，达到与天地万物融为一体，进入天与人的合一状态。这一人文精神以横向的扩展达到人与自然的互利。可见，中国传统文化将以自然为中心的天与人结合起来，为全球生命伦理提供了丰富的精神资源。这种蕴含着人的自我超越的观念，将人的重心超越了家庭之后，便超越了自私自利，使天人合一有了更加宽广的社会情怀。当人的重心转向全人类的时候，便超越狭隘民族主义，使人有了理解、关爱同类的情怀。

2. 天人合一与中西方对比

中国传统文化的天人合一强调人与自然的和谐、人与人之间的和谐。中国的天人合一理论以人文主义体现出来，区别于西方因科学主义而排斥的人文主义。西方的这一主义又称凡俗主义，强调人对自然的征服、人与人之间的竞争。二者完全不同。中国强调和谐，西方强调竞争，在人类命运共同体的前提下,和谐的思想优势大大凸显。

中国传统文化的天人合一与西方文化的侵略、占有、控制等思想完全不同。天人合一将天地万物融为一体,同生共存的状态是现代社会极为推崇的,并为当代文明带来了巨大发展。现代社会强调人类的幸福,这就必须将生存环境与经济社会发展的协调一致,以此来保障可持续发展。西方社会的人类中心主义将人看作自然界的主宰,自然界处于被统治地位,这种不平等待遇关系造成了社会环境的恶化。人类中心主义使我们所处的生态系统受到了极度的破坏,危及了人类自身的生存。西方的工业文明带来了破坏生态的问题,使全人类都受到了生存的威胁。

当下,中国的天人合一占据了中西文化的坐标点,成为了主流的思想。这一思想的流行使中国人重拾了对民族文化的信心。天人合一蕴含着自然界与人类和谐相处的观念,人类作为人类社会的创造者,又在宇宙发展过程中成为自然界的主宰者,这需要人类与自然界保持一种平衡的状态。天人合一这一古老的思想使当代人受到了启发,人类必须与生态环境和谐相处,否则人类自身也会灭亡。以顺应自然为前提改造世界的活动,可以使人类免受自然的报复,消除人与自然的对立与紧张。中国将天人合一进行重点发挥,目的在于促进人类与自然和谐相处,共生共存,融为一体。人类既是自然的主宰,同时也是自然的一部分,要遵循自然界的生态平衡的规律,以此保护人类自身的生存空间。

二、天人合一与敬佑生命

面对全球不断出现的天灾人祸,我们应该继续强调天人合一的重要作用,强调人与自然和谐相处的同时,应该敬佑生命、尊重自然、爱护地球。敬指尊重、谨慎,佑指保护、扶助,敬佑生命的基本内涵要求人们谨慎地对待各种生命体,对其进行尊敬和保护。人对待自然界的各种生命,应围绕生存环境、生命尊严、生命平等、关爱生命的道德规范展开，主张尊重各种生命，并对全人类的生命状态进行思索，意在提升生命的质量、强调天人合一的必要性。天人合一注重通过生命共享共生的形式，强调所有生命的不可侵犯性，消解生命伦理的困境与危机，还要维持人与自然的协同式发展。敬佑生命，融入了自然的生命意识，强调了各种生命存在的价值，注重提升生命的生存质量。这一理论以天人合一为切入点，以平等原则赋予每一个生物个体的生命尊严和道德身份，摆脱人类社会的等级制度，构建世界性的生命共同体伦理道德图式。

（一）敬佑生命的时代背景

"人与自然是生命共同体，人类必须尊重自然、顺应自然、保护自然。"[①] 人与自然形成了生命共同体，这一共同体内部各要素息息相关，紧密相联。当下人类与其他生命体在整个世界处于同一时空坐标点，其他生命体的存在是人类生存的条件。其他生命体如果消失，就会导致人类的消失。因此，在天人合一的世界潮流要求之下，人类必须敬佑生命。敬佑生命的观点应用于生态治理领域，应坚持整体性与系统性原则，认识到所有生命之间是一个相互关联的整体。

1. 生命共同体的相互相关性

地球上的每一个生物都关联在相互依存的自然网中，形成了生死相依的共同体。"山水林田湖草是一个生命共同体。人的命脉在田，田的命脉在水，水的命脉在山，山的命脉在土，土的命脉在树。……必须按照生态系统的整体性、系统性及其内在规律，统筹考虑自然生态各要素。"[②] 由此可

---

① 中共中央宣传部. 习近平新时代中国特色社会主义思想三十讲 [M]. 学习出版社，2018年. 第242页.

② 中共中央宣传部. 习近平新时代中国特色社会主义思想三十讲 [M]. 学习出版社，2018年. 第248页.

见，各种生命都有自身的命脉，都有依存的根基，形成了复杂的生物系统。人也是自然界的成员之一，与其他的生命构成了庞大的生命共同体。这种相互关联性构成了各种生命休戚与共的内在依据，一个生命的存续与其他的生命息息相关。天人合一将多种生命的存在融合在了一起，体现了各种生命的共生共荣的要求，也体现了一种整体性的认知方式。天人合一理论认为人和自然是紧密联系的，生命共同体就体现了人与自然的紧密性与不可分割性。这是因为人类不能脱离自然而单独存在，因此人类要尊重一切生命的权利，任何生命的存在都是宝贵的。生命共同体理论尊重生命的多样性，将动植物的生命也纳入到共同体的范畴，以平等的态度对待所有生命。以理解、关心为出发点的生命共同体，其主要目的是为了人类的可持续发展，将人与自然的关系做平等的处理，超越了人类中心主义。生命共同体概念唤醒了人类对于自然的尊重和关爱，人和自然中的其他生命都是相互关联存在的，这种唇亡齿寒的关系表明，人类只有对自然进行合理的利用才能得到健康生存与永久发展。生命共同体喻示了天人合一伦理中人与自然的平等关系，二者同为生态环境中的组成部分，并且二者之间还存在着能量转换与物质循环的关系。生命共同体将人与自然的关系做出了价值性的阐释，分析了人类生存的基础，强调人化自然必须尊重规律，否则会打破共同体的完整性，造成环境问题。天人合一体现了整体性的生命观，看到了人类社会中科技带来的生命消解现象。生命关联性的整体性不仅反映了天人合一的唯物主义世界观，而且指明了人在自然界中应发挥正向的作用。人与其他的生命联系紧密，人应尊重除了人以外的其他生命，以保持生命共同体的稳定。因此，在天人合一的视角下，人对自然要有敬佑之心，要对生命之源的自然怀有善念。敬佑生命也是人的自我完善形式。人作为智慧体，理应思考所有生命体存在的意义。

在日常生活中，人们往往片面对待生命，不懂得敬佑生命，甚至对待其他生命为所欲为。人生于自然，人与自然应是一种共生关系，对自然的伤害最终会伤及人类自身。人类应该对生存环境——自然界给予关怀和敬佑。敬佑生命是处理天人关系的重要方式，敬佑是人类应与其他生命应保持的一种和谐的、天然的关系，而不是为了人类的各种欲望肆无忌惮地残害其他生命。这是因为人与生物处于自然的有机整体之中，所有要素相互关联，而不是人类控制自然的关系。自然界中的种种生命遵循自身的生存轨迹，一旦被打乱甚至被破坏，其所在的生物链将会受到影响，甚至引发灾难。因此，我们应敬佑生命，将人对生命的认知放置于生态的大系统当中，站在天人合一的角度来重新审视人与其他生命的关系。自然是人类生存和发展的必要物质条件，因此人对自然应给与敬佑和重视，修复人与自然之间的关系，使之回归到理性自觉的生命共同体。人类应对除人以外的生命给予重视，使所有的生命都回归到本源性的自然界。自然本身就是一个相互影响、相互依存的系统。天人合一阐释了人与自然的和谐共生、休戚与共的关系，实现了对机械自然观的超越。这一观点构成了生命共同体的思想渊源，也成为当代生态保护的指导思想。

生命共同体将人置于生物链之中，用尊重与敬畏的心理对待所有生命，体现了一种非人类中心的世界观。尊重与敬畏可以使更多的生命得到宽待，有利于我们对于环境的保护与改善。生命共同体使人充分认识到各种生命的存在。人根植于各种生命体之中，对于生命的尊重与敬畏来自人类对于生存状态的坚持，这为我们的生活指明了方向。人类是来自诸多生命体中的一种，受惠于天地万物。人为了报答这种恩惠，必须对各种生命有敬畏之心。各种生命达到了和谐的状态，才能成为完全的宇宙状态。这不同于人类征服自然的错误行动，它没有把人的意识强加于其他生命之上。天人合一的生命共同体意识有赖于人的培育与传播，需要全世界人民的支持与建设。

2. 走出人类中心主义的现实要求

对于人而言，"我们连同我们的肉、血和头脑都是属于自然界和存于自然界之中的"[①]。人类是自然的一部分，人类只有敬佑自然，才能保证自身的生存与发展。人与自然同为地球的成员，环保则强调人与自然要持平等的态度互动，即人要尊重自然的规律行事，并且合理利用自然、保护自然资源。人与自然要和谐相处，天人合一批判了西方的人类中心主义，又批判了生态中心主义。前者将人类视为自然的主宰，对其他生命不予重视；后者认为自然界具有绝对的优先性，反对人类对自然的改造和利用。天人合一理论将人与其他生命辩证看待，二者既不是绝对对立的，又不是简单统一的。这一理论将人的生命尺度与其他生物的生命尺度结合起来，既肯定人的主体性，又肯定其他生物的生命价值。天人合一既反对将人的主体性消融在自然界之中，又反对人对其他生物生命的侵犯，克服了纯粹的技术主义，找到了人与其他生物生命和谐相处的出路。这种敬佑生命观是对中国传统生命文化的继承，也是对物种生命体系的尊重，更是对生命特质纯粹性的保护。天人合一将敬佑生命的视野扩展到全球性的生态正义，肯定非人类生物的存在价值。人类不能毫无节制地杀戮其他生命而造成恶劣后果，要维护生命之间的生态正义。这是世界各国都面临的生态正义问题，我们应以代际责任来保持自然的可持续发展。我们必须限制人的私欲，倡导对其他生命的敬佑，主动自觉地承担社会生态成本的责任，保护生态的平衡。人与自然关系的紧张会导致复杂的社会问题，例如环境污染事件带来的负面社会影响。因此，人类必须加大环保的力度，坚持走天人合一的路线，突破人类中心主义的限制，树立绿色的发展理念，培养尊重和保护自然的观念。

[①] 中共中央马克思恩格斯列宁斯大林著作编译局. 马克思恩格斯选集（第三卷）[M]. 人民出版社, 2012年. 第998页.

敬佑生命必须思考人和动物的关系。保护物种可以为人类带来长远利益，保护的形式也呈现出多元化，除了物种的食用、药用、物用等价值外，还包含生态、教育、美学等方式。人类对待动物还应给予动物一定的福利，例如，对待农场动物，即供人类食用的动物在饲养和屠宰过程中应给予相应的福利，包括心理福利。对待野生动物，更要给予关爱，重点保护濒临灭绝的物种。中国高度重视野生动物保护事业，从多个方面加强野生动物栖息地保护和拯救繁育工作。我国将天人合一理念融入现代化的可持续发展战略之中，对于野生动物给予保护。野生动物是地球上生命自然生态体系的重要组成部分，它们的生存状况同人类可持续发展息息相关。可见，保护野生动物是保护自然的重要举措，二者将动物利益与人类利益统一起来，在承认人类利益的同时尊重动物的存在价值。可见，天人合一将目光投向整体主义，强调人和其他生物共同处于同一生态系统，突破了人类中心主义的局限。天人合一将敬佑生命作为一种实践伦理展开，为国际动物保护运动提供了指导。天人合一还主张构建生态廊道，建设生物多样性保护网，将人类敬佑生命的道德实践关怀拓展到所有生物网中。天人合一不仅强调人与自然的协同性，还关联到人与生物之间的协同性，昭示人类社会与生态系统应相互协调发展，关注了人口质量与环境保护的直接关系。天人合一将生态纳入到与人同样的平等状态，致力于保护整个地球。为了增强人类保护地球的道德责任，天人合一强调要给予自然以道德关怀，进而换取人类的美好生活。天人合一旨在通过善待生态环境、敬佑生态系统中的各种生命，获得人类的身体健康、优质的环境、基因的稳定、卫生环境的提升。可见，天人合一视角下的生命敬佑伦理理论，对人的内心而言，要求培养关爱的自然的道德意识；对人的行动而言，要求加大环保实践，促进人与自然的协同式发展。

(二) 敬佑生命理论的哲学意蕴

在一定的社会历史条件下，任何生命都拥有生存的权利。由于一切生命都不可复制，人类应通过敬佑生命而积极主动地关爱保护其他生命。敬佑生命理论是天人合一在现代社会具体展现形式，强调了人与自然之间的共同体关系。这种敬佑生命的观点批判了人与自然的主客二元对立，以整体性思维捍卫了其他生命的可贵性。

1. 生命之间平等的道德属性

在天人合一的关系中，人类与其他生命体共同处于自然界的同一空间坐标点，因此人类与其他生命体之间是平等的。从宏观的宇宙看，生命是稀有的存在，因此生命是宝贵的。人类要以尊敬、保护的态度来对待所有生命。生命敬佑的范围拓展到所有的生命体，并坚信生命价值具有平等性。在天人合一的庞大系统中，连环性体现了所有生命之间的缺一不可，"如果种树的只管种树、治水的只管治水、护田的单纯护田，很容易顾此失彼，最终造成生态的系统性破坏"①。生态系统中各个要素的连环性否定了生命的高级、低级、价值多、价值少的区别，显示了生命之间的平等。人类作为有思维的生命，会意识到其他生命也有存在的权利，必须以同等的敬佑来对待其他生命。天人合一理论从生命依赖系统强调生命的平等性，并将被技术逻辑消解的生命尊严重新建立起来。这种敬佑生命的态度体现了人类对于其他生命体应持有的一种普遍态度，是朴素生命观的展现。天人合一理论还在人与自然的大系统中展现出了利他主义，展现了人类与非同类之间的平等伦理关系。

在天人合一的视角之下，每个生命都拥有平等的权利。面对频发的人道主义危机，中国弘扬了人道、博爱、奉献的精神，为身陷困境的他国百

---

① 中共中央宣传部. 习近平新时代中国特色社会主义思想三十讲 [M]. 学习出版社，2018 年. 第 248 页.

姓送去关爱，送去帮助。中国一直秉承中立、公正、独立的基本原则，不干涉他国内政，避免人道主义问题政治化。这种人道主义从敬佑生命出发，强调对于人生命的挽救，主张从人格平等的意义上关怀受灾的人，提倡关心人、爱护人，体现了人本主义。我国所进行的人道主义援助，超越了国家、宗教、民族以及经济发展水平，强调人格的平等，提升全人类的幸福指数。中国以国际型的人道主义援助改善人类的生命质量，有助于人们从不同层面增强对于幸福的感知。这种敬佑生命的观点与国际的公共卫生安全交织在一起，成为追求生命平等的价值导向。人道主义救援以平等展示了生命宝贵，回答了生命伦理中的"何以为生"的同时，还回答了"为何而生"的世界观问题。

2. 敬佑一切生命的终极价值

生命敬佑理论是对生命肯定性的深度分析，进而要求人类善待、敬佑地球上的所有生命。天人合一认为生命之间具有关联性，任何生命都有存在的意义及权利。在天人关系之间，人类作为生物的最高智慧物种，不仅与其他生物一样有生存的需求，而且要与其他生物和自然产生各种各样的关系。人类自身也需要进行各种生物上的交往，产生各种各样的关系。这些共同需要与各种关系形成了生命伦理中的共同利益，它需要各个生命之间达成共同的道德目标与道德规则，实现彼此的交往与合作，彼此获得自身的利益。这就将伦理范围由有限扩展到无限，将道德关怀赋予到所有生物上。所有生命之间具有关联性，人类必须要考虑到其他生物的生存，将生物之间的相互依赖给予积极维护。这一思考指引我们关爱周围的生命，并给予帮助和保护。敬佑生命是人类对待他类道德的基础，同时也是对生命共同体的伦理性遵循。生命不仅仅属于人类，而应拓展到一切生物的生命，这也是天人合一所包含的范围。敬佑是处理人与其他生命的重要道德关系，敬佑生命要敬佑所有存在物的价值，在生态伦理上以善的形式保护和促进生命。敬佑与生命联系起来，应关注生命的内在需要。人作为世界的主宰者，必须认识到自身担负着关爱其他生命的责任。敬佑生命理论以现实需要为出发点，要求人类以此作为生活实践的原则。关爱生命的意志如果融入人们的生活实际之中，各种环境问题、和平问题将会得到相应的解决。

当前人类对于除人以外的生命不够重视，漠视各种生物的消亡，导致了一系列的生态问题。这些问题反对来影响人类，使人类的生存环境遭到破坏。面对一些杀人案、伤害动物以及饥饿引发的死亡问题，人类应自爱并爱护其他生命观。关爱万物的心灵才会因其他生命痛苦而进行反思，进而善待其他生命。人类应该在各种生命的思考中融入真、善、美的价值追求，增加对生命的情感培养，对不同的生命给予不同的理解和尊重。这种关爱体现了人对于非人类的崇高伦理性，可以保证互补友好的生命秩序，使人类树立生命至上的意识，体现尊重生命的终极价值关怀。敬佑生命理论不同于宗教中善的观念，对于牺牲的生命，它没有回避人类不得已而为之的需要。道德逻辑和生活实际要求人类敬佑生命，不得随意残害其他的生命。人类要有尊重生命的良知，感受生命的相互依赖性，努力实现所有生命存在的最高价值。天人合一的和谐相处环境保持了融洽，人类与其他生命体才能可持续发展，避免灾难的发生。这是因为人类关乎生命的行为，将通过自然社会的影响，反作用于自然。

（三）敬佑生命理论的当代意义

人类是生命体中的智慧存在者，并与其他生命息息相关，因此，人类必须要对各种生命具有敬佑之心，避免生命之间的各种厮杀和死亡。敬佑生命理论强调人是生命道德存在的载体，人类作为智者对其生命负有责任。

1. 形成尊重生命的人文关怀

中国人在生产实践的基础上逐渐形成了以生命为主体内容的贵生重死

观,倡导人类关爱自身的生命,并敬佑其他生物的生命。天人合一将敬佑生命与中国现实相结合,主张关爱生物生命的大系统,并融入了对生态发展的思考。天人合一将生物命运与人类社会的利益追求联系起来,以尊重生命为主要手段,反对错误的牺牲。与西方强调的人类中心主义生命观不同,天人合一看到了各种生命之间的关联性,强调每一种生命的可贵。这不仅是推动社会道德进步的动能,而且能够建立一个以自然生态为重心的发展观。我们不仅要思考人自身的生命价值,而且要对其他生物的价值给予肯定。这种乐观主义态度,思考了每一个生命存在于世的意义,并且以生物伦理控制了人类的利己主义思想。天人合一从人与其他生物的关系中思考善的本质,主张用人类的爱来关怀其他生命。敬佑生命体现了人类对其他生命体的大爱情怀,闪耀出人性的光辉。

人类过分掠夺自然资源带来了社会问题,所以,敬佑生命的观点引发了人们的共鸣。人类的利己主义,一方面导致人类从自然获得利益而满足,一方面遭受自然的反击。面对各种天灾人祸,敬佑生命理论应成为我们每一个人的生活态度与伦理实践。对于生命的尊重,人们要在尊敬中强调保护,树立起底线,将约束放在各种生命的首位。天人合一将敬佑生命体现在具体化的行为中,贯穿于人类和其他生命体的生存过程之中。从伦理角度而言,人类必须要实施敬佑的普遍化,长期保持、促进其他生命实现自身的价值。敬佑生命与改造万物的结合必须保持适当的张力,认识到天人合一的重要性。敬佑生命使技术理性与价值理性之间保持了一定的平衡,使人类辩证地看待二者。无论是从技术理性还是伦理价值而言,生命敬佑理论以生命价值为出发点,构建起了生命共同体,对于当今世界的可持续发展具有重要意义。天人合一必须培养热爱自然、珍爱生命、保护生态环境的意识,这是尊重生命的积极态度,将人类的应然与社会需要结合起来。缺乏对生命的尊重,就会破坏生态的承载能力,陷入人类中心主义,导致各种生态危害。要树立生态文明的意识，增加环保意识，形成推动生态文明建设的共识和合力，遵从自然的法则，坚持人与生态的和谐法则，体现了尊重所有生命的伦理观。天人合一应注重加强人们的生态道德品格建设，小到具体的道德行为，大到热爱自然、保护环境、生态修复、生态监督等道德理念，修复、还原生态的本来面目，给生命以具体的尊重和关爱。天人合一强调环保的重要性，因为恶化的环境将危及人类自身。人类只有顺应自然、保护各种生命，才能确保自身的生存，否则将会灭亡。

2. 最终指向人类命运共同体

天人合一以生命共同体关联着一切生命。人类作为生命共同体的智慧生物，应将世界道德实践的着眼点放在人类命运共同体之上。天人合一将所有生命的共同利益作为道德价值判断的标准，以促进人与人、人与社会、人与自然的可持续发展为目标，形成全世界认可的道德共识。为了保证人类自身的生存与发展，天人合一围绕生命探索共同体思想，寻求的是人类的共同利益。人类自身的共同利益是生命伦理的重要议题，天人合一将人类置于生态环境中进行考察，强调人与生物的共存以及人的优先性。人类命运共同体理论是对人类历史发展前景的分析，也是对人类自身生命规律的深刻领悟。各国必须认识到所有人类命运是一个共同体，必须敬佑生命，减少对生态环境的破坏，保持绿色的生活，维护人类共同生存的环境。敬佑生命作为生命伦理学的重要内容，涵盖了全球范围内的人类合作关系，强调世界全体成员的相互依存关系，主张以共同的利益出发点达成道德与行为上的共识。人类命运的共同体理论体现的是世界范围内的交往共同体的行动，旨在全体成员的真诚合作与道德的遵守，从而形成稳定的发展团体，有利于全人类更好地生活。从作用上分析，人类命运共同体既体现全球的交往伦理，又体现全球的利益伦理，还体现保护全球生命的伦理思想。这种具有重叠性共识的思想已经引起其他国家的重视，有助于各国超越局部利益和个体利益而获得整体利益和共同利益，形成真实的、利益相关的生命伦理共同体。由此可见，天人合一在多元世界文化中展示出的敬佑生命伦理理论，促进了不同利益主体之间的价值判断融合，有利于全人类的发展。

敬佑生命的理论蕴含了生命无上性的论断，它要求现代社会处理人与人、人与社会、人与自然的关系时秉承生命宝贵理念，以生命的关联性敬佑其他生命。敬佑生命以对生命的崇敬和尊重为出发点，形成了生命权无上宝贵的观点。从天人合一的角度出发，看待生物应该从生命出发，关注生命之间的相互联系，才能对生命的存在和价值做出道德上的论证。这要求人人都要对所有的生命有敬佑感，就像敬佑自己的生命一样，体验其他生命的宝贵。这次疫情让人们更加清醒地认识到和谐共生、合作共赢的重要性。敬佑生命理论看到了生命的重要性，沿着人类的共同利益出发，力图使所有的生命都获得幸福感，追求的是全体人类的价值取向。肯定全人类的生命价值是人类文明共同的价值标准，是人类安身立命的价值皈依。合作既是人类的道德原则，又是保护人类生命的重要手段。合作是主体之间所进行的能量互递，能够增加整体的福利。中国认识到这一点，并且深知需要运用国家政策、国际组织等力量对敬佑生命理论进行扩展，以保障人的生命权为目标，维护人类社会的存续性发展。

人类走向工业文明之后，带来了一系列的生态问题，如环境恶化、自然资源过度消耗、空气污染、生物减少等，这些为人类的生存敲响了警钟。敬佑生命理论以现实中恶化的环境为切入点，探讨了生命共同体如何面对自然环境、如何面对自身与其他生命的关系等道德行为。天人合一以关心人类的生存境遇为根本目的，以地球上的全体生物为反思对象，运用生命共同体理念，消解了现代社会中普遍存在的伦理冲突。在天人合一的视角下，敬佑生命理论不仅动机论体现出来，而且从行动意愿体现出来。

第四节 知行合一

知行观是中国传统文化特有的观点,是中国传统哲学认识论中的重要研究对象。知和行是一对哲学概念,古代哲学家就曾进行过深入探讨。例如,"知之非艰,行之惟艰""知行合一"等,就是对知行观的专门阐述。在知行关系上,知行合一重视行的作用,并认为人的知识来源于行,行先于知,以行而求知,因知而进行,体现了知和行之间的转化和获得。知行合一大大超出了中国古代认识论的水平,克服了传统认识论的缺陷,从而体现了辩证唯物主义的认识论。这样的观点已经接近了"理论来源于实践"的观点。现代社会赋予知和行新的含义,使二者的内容更为丰富和广泛,具有崭新的时代特征,也更适合时代发展的需要。

一、知的突破与发展

传统的知行观中,有知易行难、知行合一、知先行后、行先知后等。这些观点都具有一定的合理性。"知行观所探讨的问题,包括知识论,但不限于知识论,因为这是一种关于知识和实践的综合考察。"[①] 在中国古代哲学里,知的含义大致有两种,一种是闻见之知,另一种是天德良知。闻见之知是人们通过感官而获得的关于事实的知识,天德良知是指天赋的道德观念,它是发自本心的,需要通过修身的途径而得到的知识。二者相比较而言,天德良知的理论深度要高于闻见之知。天德良知是人生来就有的,要通过内心修养把它发挥出来。它关乎人们的道德修养,维系着人们做人

---

① 宋志明. 从孙中山看中国近代知行观的更新 [J]. 河北学刊, 2011 年, 第 31 卷 (2).

做事的基本原则。而闻见之知注重的都是事实的知识，与天德良知相比浅显得多。行也可以分为两种，广义的行和狭义的行。广义的行是指人类的所有行为；狭义的行是指道德践履。正统知行观具有这样的特点：重视天德良知，轻视闻见之知；重视道德践履，轻视人的其他行为活动。这种知行观能够提高人们的道德修养、个人修为，却不能为人们提供获取事实知识的途径。这种知行观能够满足古代人的精神需要，却不能满足现代社会的精神需要和时代需要。

现代社会出于科学理论和实践的需要，对于传统的知行观进行了时代转换。转换后的知行观既有继承又有超越，主要表现在四个方面。一是关注点发生转变。人们不仅关注有关事实的知识，而且注重天德良知。二是知的内涵增加。知不仅包含天德良知和闻见之知，还包含科学知识。三是行的内涵增加。行不再重点指道德践履，而是指人的行为活动，特别是指人在现代社会所进行的各种各样的社会实践。四是将知与认识、行与实践对应起来，强调认识与实践的统一。

现代社会赋予了知和行新的含义，扩大了知与行的范围。具体来说，知主要包括三个方面的内容。一是对客观世界的认识所形成的知识。在此，知继承了传统知行观的内涵，也包含了闻见之知。二是通过修身而获得的伦理道德方面的知识。这是对于天德良知的继承，不仅亲身践行了许多高尚的道德，而且还对不同的人群提出了不同的道德要求。三是科学知识。现代社会对于知识的需求程度较高，人们对于知识的探索在三大领域充分体现出来，即自然科学知识、社会科学知识、思维科学知识。可见，知就包含了认识真理的内容。要想得到真知，必须要通过科学的考察与研究。只有通过科学考察与实践验证的知识才是科学的知识。真知的获得非常艰难，升华为理性认识更难，这也是人们在追求真理道路上的曲折反映。作为接近真理的知，其价值是建立在科学的基础之上的。人们没有把知仅仅局限于闻见之知和天德良知，而是延伸到自然科学知识、社会科学知识、思维科学等理论方面。对于知的解释可以看作是科学在人类社会发展的一种延伸。

上述所提及的三种知，既有个体知识，又有公共知识。对客观世界的认识所形成的知识和通过修身而获得的伦理道德方面的知识属于个体知识，而自然科学知识、社会科学知识和思维科学知识所形成的科学知识属于公共知识。这三种知是不断地发展、不断地超越的。当代人对于知的理解，比古人要宽泛得多。这三大知识体系能够对于人类社会的发展起到重大作用。这三种知说明了人类对于认识对象有了更深入的了解。可见，这三种知不仅包括肉眼所获得的感性认识，而且包括以科学体系得出的理性认识。在中国哲学发展史上，很多哲学家对于感性认识和理性认识的产生、发展及其关系做出了正确的评价。由于他们脱离了实践以及人类的历史发展，而没有在实践的基础上将二者统一，所以他们没有也不可能正确地解决这个认识论中的重要问题。但是，他们的很多观点值得我们借鉴。

知行合一中的知认为，世界是可知的，人们可以认识客观存在着的物质世界。宇宙的范围就是认识的范围，认识的范围是无限的，宇宙的无限性也就决定了认识无限性。人们对于无限的宇宙和宇宙中的各种事物都是可以知的，即使现在还不能知，随着科学的发展进步，也会为人所知。同时，人的主观认识要随着客观事物的变化发展而不断变化，人的认识是一个不断深化的过程，如果停止探索，人类就会无法进步。人类的认识是不断发展的，并且认识要与事实相符合，因为认识就是人们通过大脑对于宇宙事物及其道理的反映。

二、行的突破与开拓

对应于知，行也具有三种含义：一是指日常生活的各种活动，二是道德方面的践履,三是各种科学文化活动。可见,行已经接近辩证唯物主义中的实践。这突破了以前学者对行的狭隘理解,这是中国传统文化对于认识论的重要贡献。当下的知与行,已经超越了中国古代哲学的道德范畴,进入认识论范畴。

需要注意的是,中国传统文化中的行与马克思主义哲学的实践是有区别的。马克思主义认为,实践是人类尤其是劳动人民,改造客观世界时体现出的能动性的感性物质活动,实践是指社会的实践。实践是生产性的活动,其中劳动是其主要形式。生产活动既是最基本的实践活动,也是人类认识发展的基本来源。中国传统文化中的行虽然非常接近实践,但是还是没有上升到实践的高度。行没有明确地总结出是人们有目的、有计划、自觉地改造客观世界的活动。中国传统文化的行包含劳动的范畴,但是没有强调劳动是实践的最基本形式。中国传统文化中的知行观更多地侧重道德领域,重在提升人们的思想道德素质。

三、知行合一的辩证关系

在新时代,知行观有了新的内涵与诠释,同时也拥有了全新的价值,能够更好地指导实践。我们对知、行两种活动都给予了肯定,并总结出二者之间的辩证关系。知、行是不可分离的认识过程中的两个阶段。知与行合一已经总结出由感性认识上升到理性认识,又从理性认识回到实践的认识过程。

从理论本身而言,在知与行及其关系上,知行合一将知与行紧密联系起来。人类在原始社会是不懂得科学认识的,也没有形成科学认识,但却不妨碍人们去行,人们正是从不知而行当中获得的知。不知而行就是指没有经过科学知识指导下的行。行在认识过程中具有重要的作用,行是人类进步的起点。人们通过行,慢慢地积累了知。这一过程是从实践到认识的过程。人们在行的过程中逐渐获得知，而且行是推动人们求知的动力。无论是古人还是今人，无论是科学家还是普通人，都要以行求知，行且所不知以致其知，都要通过努力行动才能获得真知。

就原始状态而言，人类认识的进化过程是一个由比较盲目、没有科学真知指导的行，向比较自觉的、在科学指导下的行发展的过程。没有单纯的知或者单纯的行，而是知与行动态统一的过程。一方面，只有通过行才能产生知；另一方面只有在科学之知的指导下，人们才能自觉地行。知与行的辩证发展，构成了人类认识进化的主要内容。行在这一辩证关系中具有贯彻始终的特点。在认识的总过程中，最初人们是从无知开始的，但此时人们可以行，行就成了知的前提。人们在行中获得的科学知识的目的也是为了促进行的进步，行是知的目的。知与行是辩证统一的，人们对知、行的理解和掌握是一个逐渐的过程。人类的文明史无法划出一个只有行、没有知的不知而行时期。同样，纯粹的行而后知时期也没有。

知行合一不仅把行看作是知的来源，而且还认识到行是检验知的标准，行是知的目的。人们如果不去行，便无法证明所获得的学问是对还是不对；不去行，所获得的学问没有用处。一种理论正确与否，需要通过行才能得到证明；如果不去行，获得的学问也是没用的。这样的认识是非常深刻的。从知来源于行、行检验知的认识论出发，知行合一强调一切从事实出发，反对脱离实际。知识的更新非常重要，知识与人类的生存实践活动之间的有着重要联系。这是因为，人类的求知活动不是以静观的方式表现出来，而是基于人类的生存实践活动表现出来，生存实践活动是人类一切知识发展的依据。知具有指导行的能动作用，拥有了知才能更好地行。这就体现了知行关系的辩证性。在科学技术高度发展的当代，掌握了科学知识再去行动，不仅节约时间、减少错误，还会大大提高效率。知行合一中的知能够较深入地认识到事物的某些规律和性质，有利于行的进步。科学技术的发展和生活经验的积累，提高了人们认识世界和改造世界的能力，从而促进社会生产力的发展。

行是贯穿于知之中的。人类从开始的不知到由行产生了知，知逐渐发展后又反过来指导行，然后更易行之。行是获得感性认识的基础，然而感性认识必须上升为理性认识，才能获得科学知识，认识的目的在于学以致用，体现为知的理论对于行具有重要的指导意义。科学知识只有经过行即实践的检验，才能成为推动社会发展的力量。以行而求知，因知以进行是一个动态不息的过程。人的认识也要随着客观世界的发展而发展，我们不能思想僵化，不思进取，固步自封，必须与时俱进，用新观念来改造旧观念。新旧观念的更迭也说明人的认识是一个知与行不断交替转换、由浅入深、逐步前进的辩证过程。科学的知识具有指导意义，能够使人真正发挥出主观能动的作用。知行合一中的知强调尊重科学知识，反对迷信和盲从，我们要用科学的知识指导人们的行动。知行合一对于现代社会发展仍然具有重要的借鉴意义。

从哲学上看，行是人类认识世界的根本途径。所以，先有行而后有知，即行在先知在后，认识来源于实践。通过行，可以获得更高层次的知，这就把实践看作是认识的来源。在知行这一对矛盾中，行始终处于主要方面。行的不断持续，才能获得更多的知。认识的过程是，开始的时候不知而行之，继而是行之而后知之，然后是通过已经获得的知而更进于行。这就是说，认识是由行开始的，通过行由不知到知，再从知转回行，形成了知行合一的过程。知由行发生，又反过来指导行。行、知、再行、再知……不断地循环往复，持续进行不息。知行合一体现出行—知—行这个认识过程。人们踏着行之—知之—再行之的轨迹不断实践，才能不断发现、认识真理，不断取得新的成就。知行合一体现出了人类认识的辩证过程，展示出实践过程是从感性认识而能动地发展到理性认识，又从理性认识而能动地指导实践，体现出实践、认识、再实践、再认识，这种形式，循环往复以至无穷，而实践和认识之每一循环的内容，都达到高一级的阶段。这说明人的认识过程时由不知到知，由知的少到知的多，由感性经验发展到科学理论而不断发展的。这个观点在中国哲学发展史上是一个巨大的进步，也是中国古代哲学所达到的高度。知行合一虽然在过程中体现出了"实践—认识—实践"，但是并没有进行进一步的阐释。

四、理论影响

知行合一具有鲜明的特点。在以往的知行难易问题上，人们历来都过分强调难和易的相对性、难和易的相互转化，这就显示了片面性和绝对性。

知行合一具有辩证法的因素，模糊地展现出系统的辩证法，揭示出了知与行、认识与实践的辩证统一。知行合一不仅单纯地说明知与行之间的关系，而是为了体现认识论中的理论与实践相互结合。这一认识论具有显而易见的辩证法内容。认识是从实践而来，并不是通过一次实践就能完成的。人类的认识来源于实践，认识的过程是不断前进、提高和深化的过程。人类的认识能力没有止境，一切客观事物都可以通过学而知之而获得。世界上存在的各种事物都是可以认识的，只是有一些事物还需要随着科学的进步而进一步认识。人的认识不是僵化不变的。随着客观世界的发展，人的认识也会随之发展变化。从这一点而言，知行合一坚持的是可知论。人的认识如果固步不封，那么对新的事物就会不理解，还会陷入保守。知是可以随着行的发展而不断发展的，所以，知行合一的认识论属于反映论的范畴。落实到现实而言，人们对客观物质世界的认识，是一个经过世世代代反复探索、实践的历史过程。

知行合一是对古代唯物主义认识论的突破和提升。知行合一既强调实践是认识的来源，又强调认识对实践具有指导作用。这一理论强调由行获得知，鼓励人们大胆践行；一边又强调知是需要逐渐在行中获得，正确的知对行有重要的指导意义。认识的作用是判断事物的正确与否，这才是对客观规律的正确把握。人的认识要能够认识事物的规律，并以是否复合客观规律作为判断的依据。这体现了反映论的最基本的观点。知行合一是复杂的，强调了知与行不能分离，突破了以往知行观的片面性。以往的知行观要么是只谈知行的先后，要么只谈是知行的难易。知行合一将知行看作是一个事物的两个方面，是同一过程，二者紧密相连。知行合一不仅体现出了辩证的知行关系，而且符合社会实践的需要。

知行合一将知行观提到了认识论的高度，还赋予了新的内容。这一认识论不仅突破了理学家以内心神秘体验为知、以封建道德践履为行的唯心主义思想，而且突破了王守仁以伦理为重的知行合一。中国古代知行观多是从先后、难易、轻重出发的，而知行合一却涵盖了整个人类社会的认识与实践，充实了认识论的内容。知行合一包含了现代科学的思想和经验论的合理成分。

知行合一是具有辩证成分的知行观，展现了认识到实践的多次反复、多次循环。知行相互运动的这种反复性和无限性，表现为波浪式的前进运动。这种认识的发展，从形式上看，认识和实践之间不断的分离和重复的反复循环和重合的反复循环；从内容上看，每一次的循环都进入到高一级阶段，也就是说，经过一次实践与认识的循环，人们对于客观世界的认识就上升了一个水平和层次，通过实践与认识的不断的反复循环，人们的认识，就像螺旋曲线一样无限的发展和上升。正是在这种认识运动的辩证过程当中，人们通过相对认识，绝对通过有限认识，无限不断地接近客观真理。知行合一将中国哲学唯物论认识论提高到一个前所未有的新高度，展现出了认识的辩证运动，也就是主观和客观、理论和实践的矛盾运动过程，人们的认识任务就是求得它们之间的具体的历史的统一。总体而言，中国

/第三章　中国传统文化的独特观点及其时代应用/

传统文化中的知行合一体现出了马克思主义哲学的辩证唯物主义认识论,这体现了中国哲学认识论由本土的、古代的朴素认识论向马克思主义辩证唯物主义认识论的转换。

总之,知行合一是从中国传统文化认识论出发,模糊地体现出了认识与实践的循环过程,没有也不可能科学解释认识与实践的辩证统一关系。在新时代,我们践行知行合一,是对中国传统知行观的重新建构,取其精华,使其更好地服务于社会发展。

第五节　大同理想

中国传统文化崇尚大同的理想社会。大同社会是儒家学说的高级社会状态。大同理想主张建立一个自由祥和、至善至德的理想社会。消除了阶级的大同社会,没有尊卑贵贱之分,自由、平等、互助、仁义、和平构成了人们日常生活的准则,每个人各尽所能、各取所需、各尽其能、没有迫害。进入大同这种人类社会的高级阶段之后,人与人之间会获得更多的平等,彻底消除阶级带来的剥削和压迫。当前的中国在国际交往中强调大同的思想,使之突破了传统儒家对大同社会的设计,促进了中国传统哲学与马克思主义理论的融合,推动大同这一传统概念进行时代性的转化。

一、大同的理想情结

《礼记·礼运》曰:"大道之行……是谓大同。"[①]"大道之行"是中国古代儒家非常崇尚的一种德政,其目的就是要实现大同的社会理想。大同

---

① 王力主编.古代汉语(第一册)[M].中华书局,1985年.第208页.

社会是儒家思想中人类社会所发展到的最高阶段。大同社会的具体表现是天下为公，即财产全部公有、贤能当政主事、道德诚信和睦。人们按性别、年龄和实际需要进行社会分工和协作，各尽其能，各守其职，全员为社会而共同服务，同时也使人的个性得到充分的发展。大同社会没有私有的观念，没有盗贼、没有战争、秩序稳定、人人平等、互施博爱、各得其所、安乐祥和、丰衣足食。这种大同理想与原始共产主义社会有着异曲同工之处。在大同社会中，消灭了剥削、消灭了压迫、人们自力更生、安居乐业，秩序井然、道德诚信、民风淳朴。这种理想的状态就像天堂一样，遥不可及，却使人心生向往，成为中国历史上许多思想家、政治家难以释怀的情结。当代对大同的理解主要有三个方面，同时也展示了国家对于社会发展建设的深谋远虑。

（一）财富公有、经济均等

"大道之行也，天下为公"旨在建立一个没有压迫、没有剥削的社会。在这个社会中，一切都是公正的，没有任何统治阶级，没有剥削阶级，体现了人们对理想社会的探索。以公平为标准的大同社会，消除了两极分化，在经济上实现贫富均等，实行天下财产公有的制度。财物成为全体社会公有的财产，表现出一种平均主义倾向，体现了原始共产主义的特征，在分配方式上也必须要绝对地平均。需要注意的是，大同建立的根基是农业社会，并不是生产力高度发达的社会，要实现绝对的平均，是不可能的。因为生产力低下，难以生产出大量的物质财富，根本做不到平均分配。这只是人们对于建立大同状态所包含的幸福美好愿望，旨在实现中国各个阶层都可以获得平等的权利，反对压迫和剥削，凸显每个人所享有的公平公正的社会待遇。

（二）友善和睦、博爱慈善

大同社会主张人与人之间友善和睦，和谐相处。当下的独生子女制度使很多人对"人人不独亲其亲,人人不独子其子"有着深刻的认识。中国已经进入到老龄化社会,大同理想这一责任落实到国家的建设上,强调人际关系的和睦,并且要健全养老体制。在此,大同的落脚点是公众,不是单一的个体,重视的是整体的大众,将追求幸福的权利扩大到整个社会。具体如何操作呢?我们要倡导社会主义核心价值观,推行和睦友善的道德规范,让强者扶助弱者,照顾困难群体,体现人与人之间的关怀,以孝道作为养老机制的必要补充。这一宏伟蓝图在伦理道德方面体现为不分亲属关系而互相关爱,增加了人与人之间的友善与和睦,建立了慈善的社会秩序,将财物优先给予最需要的人,逐次再给予其他需要的人,最终谋求公众的幸福。

(三) 规划明确、保障完善

大同社会提倡"老者有所养,壮者有所营,幼者有所教",希望老人有保障,壮年有营生,幼儿有教育。这是按照年龄段进行不同的规划。"老者有所养"是国家对老年人进行养老,"壮者有所营"是国家让壮年按照社会分工参与社会劳动,"幼者有所教"是国家让幼儿接受教育,从整体出发完善社会福利和劳动分配,建立社会保障体系。这一规划使得每一阶段的人都有保障,在无后顾之忧的情况下生活,既不用考虑养老问题,又不必担心就业和子女教育问题,步入安居乐业的状态。这是大同社会中所描绘的社会保障事业,具有安老怀少、保障就业的作用。

二、大同的现代启示

中国传统文化对理想社会的研究在时间与空间上是一种拓宽,也回归了中国传统文化的宗旨——实现大同社会。大同这一理想,对于中国自身而言,有利于构建和谐社会;对于世界而言,有利于寻求世界大同。

1. 构建和谐社会

构建和谐社会是中国在现代社会中的一项伟大创举,也是新时代对大同理想的继承和发展。党的十九届五中全会再次强调"社会安定和谐"的重要性。如果认为古人在很多年前为人类理想的终极目标而构建的大同理想社会模式是一种难以实现的空想、是中国式的"乌托邦",那么我们党所提出的构建和谐社会的目标和要求,则是一项发源于历史、立足于现实、引领至未来的伟大事业。构建和谐社会既传承了古代大同中的和谐部分,又代表了各个阶层的共同希望。和谐是大同理想发展所追求的价值目标,有了和谐,社会才能发展得更快。历史经验证明,社会在经济、政治、文化等方面进步要建立在稳定和谐的社会基础之上。和谐还可以避免多种社会矛盾:平等分配社会利益、人际交往和睦诚实、社会秩序稳定团结、人与自然互融互存,个性得到自由发展,进而获得幸福。从理想的角度来看,和谐就是要使社会全员讲求诚实互敬、彼此尊重、和睦相处,构建个性得到发展、创造性得到保护的协调发展的社会,并且实现社会与自然的协调共生,一方面可以保护我们生存的环境,另一方面可以为社会的可持续发展建立生态基础。从现实的角度来看,构建和谐社会就是要从国家治理的角度减少社会矛盾和冲突,尽可能地消除社会中的不和谐现象,促进和谐因素的产生和发展,并要在利益的分配和占有方面实现相对的公平。和谐社会要建立在民主与法治之上,社会要安定有序,让人民群众的主体权利合理发展,这样才能为可持续发展提供良好的环境基础。

2. 寻求世界大同

大同社会是中国人对未来美好社会的大胆想象。中国人对于大同的终极追求是天下大同,具有全人类的意蕴。天下泛指天空之下的一切存在物,这一空间概念是中国古人对于地域范围、存在秩序、生活状态、文化倾向的整体认知。既然天下包含了天空之下的一切事物,就自然而然形成了开放的格局，必然要体现包容与交汇。天下大同作为人类社会所形成的终极理想状态，体现了人类对于美好与安乐的期盼。这种生存理想建立的基础是人与人之间所形成的关系和谐，每个人都要以平等之心对待他者，形成彼此和睦的秩序。作为生命理想状态的天下大同，由和而不同作为基础，追求多元共生的美好环境，并引导人们走向开明与幸福。各国要想进入天下大同的境界，必须要和睦相处，秉持和而不同的原则。中国应该把本国利益同各国共同利益结合起来，努力扩大各方共同利益的汇合点，寻求共同的发展机遇。各国之间要积极树立双赢、多赢、共赢的新理念，摒弃你输我赢、赢者通吃的旧思维，努力做到"各美其美，美人之美，美美与共，天下大同"。天下大同作为统领人类未来的价值本体，具有人类目的最高的统一性，其达到的过程，必须遵守和而不同的共生性，否则就会硝烟四起、产生各种矛盾和纷争。这是中国几千年来秉持的理念，也在通过努力使全人类步入大同社会。

天下大同是全人类理想的境界与状态。"世界大同，和合共生"。世界大同是中国对自身国情和世界局势所进行的深刻思考。中国以人类命运共同体建立合作共赢机制，反对霸道的强权政治，建立和谐平等的世界格局，谋求世界大同。世界大同的理想是以中国古人的各种思想理念为基础，在汲取了大量的社会思想养料之后，经过系统的思维而加工而成的。中国对大同的理解是宽泛的，是具有现代性的。大同不仅指中国能够达到大同社会，而且指整个世界也能达到大同社会。中国将大同理想置于全球化的历史语境中，突破了中国古代家国同构、"天下一家，中国一人"的模式，旨在借助大同社会解决世界性问题。这一伟大理想，以改造天下事为己任，达到无争夺、无战争的世界和平状态。大同理想具有全球性和规划性，对于实现中华民族的伟大复兴具有指向性作用，也为世界格局的走向提供了方向。

需要注意的是，大同在古代和当代的含义是不同的。古代的大同指的是人们对过去的回忆。当代的大同指的是人们对未来的憧憬与规划。与古人不同的是，中国将大同思想由空想转变为理想，在人类命运共同体的建构中逐渐向世界大同迈进。世界大同，并不是要在脱离现实社会基础之上再构建一个虚幻的社会，而是建立在充分认清各国国情和世界趋势的基础上提出的政治理想。中国崇尚崇世界大同，即人类永享和平的大同世界。中国有关大同社会的论述不仅反映了当代中国人民的内心期待和诉求，而且对于世界的发展也给予一定的启示。

第四章　中国传统文化的实践应用

中国传统文化是中国人对于文明的追寻，至今仍占据着文明的制高点，能够转化为更持久的精神力量。中国传统文化在今日没有过时，也不会过时，依然发挥着重要的作用，有着强大的生命力，能够进行现代性的转化。随着社会实践的发展，中国以传统文化拓展治理思路，强调现代化过程中要坚持文化传统和文化心理习惯，使现代化不偏离中国自身的文化特质，进而增进中国人的民族情感、强化民族意识。

第一节　中国传统文化与社会主义核心价值观

弘扬中国传统文化是繁荣社会主义精神文明建设的重要内容。中国吸收传统文化的精华，积极培育和建设社会主义核心价值观，从文化源头上将社会主义核心价值观渗入到民众内心，再外化于生产生活实践，使之成为民众耳熟能详的价值原则。为了满足大众对于主流价值观的需求，社会主义核心价值观在传统文化中吸收营养并进行广泛传播，树立了中华民族的统一的精神支撑。社会主义核心价值观既是对中华民族精神共识的创新性发展，也是对传统文化的延续与复兴。国人看到了传统文化的特质所发挥的作用,并坚信它是意识形态建设的有力补充,具有文明传承的重大意义。

一、中国传统文化的流变与超越

中国传统文化的内容博大精深,富于吸引力,在历史长河中发生了流变。这些适用于农业文明的中国传统文化,在现代化的情况下,出现了困境和不适。为了使传统文化在现代化社会显示出活力,我们要对其进行现代转换,使其中的精要内容适应现代社会的发展。传统文化在当今时代仍具有巨大作用,有助于我们从内心深处实现中华民族伟大复兴的信心,也有利于中国人汇聚整体性的精神归旨。中国传统文化作为国人头脑中的特定存在,是中华民族特有的价值观,也是东方文明的代表。中国传统文化作为中华民族的必要存在,是维持国人行为模式和思维模式的精神准则,影响着国人的行为方式和价值选择。

1. 对传统文化嬗变的理性认识

传统文化作为民族文化的构成部分,可以有效整合全体中国人的思想意识,发挥凝聚作用。这是因为传统文化已经深深扎根于人们的在潜意识之中,深入到了内心深处,并且通过各种教育和社会意识形态的影响,代代相传,依旧发挥着时代作用。传统文化中的仁爱、和平等思想是对中国威胁论的有力回击,它有助于帮助其他国家认识中国维护世界和平的观念。一些西方学者认为中国人缺少思想上的主流东西,其实不然。传统文化早已进入中国人的血液之中,成为核心价值。作为中国人精神血脉的传统文化,我们都是自觉地接受并使用传统文化。传统文化中的诸多思想,能够为建设现代化提供认识工具和方法论指导。传统文化中的基本精神,是我们在民族复兴的过程中找到的精神支柱和思想先导,也为全人类提供精神养料。

中国传统文化具有广阔的发展空间，能够为决策咨询服务做贡献，提供破解政治难题的思维方法。在历史发展过程中，中华民族形成了独有的中国传统文化，它是民族凝聚力建设的重要力量，也是社会全员的精神价值取向。在世界竞争的大潮中，中国人对传统文化的发展与继承，是保持民族特质的重要手段，也是建设有中国特色社会主义文化事业的重要保证。需要注意的是，我们对传统文化的弘扬是有历史必然性的，这既是改革开放过程中对文化事业的正确导向，也是文化自信的具体体现。文化自信要做的就是保证对文化的信心，突破文化自卑心理，树立全民族对于中国文化的自信心。中国传统文化中的自强不息、奋发有为的处世情怀，可以让中华民族坚定对文化的自信。传统文化作为文化软实力的构成部分，依然在全球化的今天影响着中国人的思维。作为绝大多数人都认同的传统文化，其丰富的内涵始终影响着人们的行为方式和精神境界。我们对于中华传统文化的弘扬，体现了对文化软实力基础的重视，也是实现中国梦的文化要求。中国传统文化是推动中华民族前进的重要力量，这其中的思想观念与智慧结晶能够推进中国的崛起，也是建构文化软实力的有效方式。

2. 对于传统文化的时代性转化

我们研究中国传统文化，探讨它在工业文明的冲突中所展现出的特点和规律，协调中华文明与世界文明之间的关系，使传统文化迅速完成现代化。中国对传统文化的客观弘扬是用历史思维进行思考的，主张以史为鉴，面向未来，将传统文化作为营养液来丰富人文资源。对传统文化的弘扬展现了合理的整合、有效的利用，旨在提升文化软实力。繁荣中国传统中的文化血脉，能够形成感召力，可以团结大众对抗敌对思想的侵袭。

在新时代，我们对于中国传统文化的传播形式进行了创新，突出了中国立场以及中国化的表达方式——以中国特色的方式传播传统文化。以中国特色的形式对传统文化的弘扬与实践，在理论层面上有益于将古典文化与时代精神有效结合，在理性认同的基础上，是对文化规律的准确把握。随着对传统文化的弘扬，中国传统文化的吸引力在不断增强，其影响也在不断地扩大。对于传播中国传统文化，国家做出了诸多的努力，不断向世界输送具有国际传染力的国际文明，凸显中国特色社会主义的现代化文明。中国通过对传统文化的复兴与继承，形成了强大的凝聚力，加强了社会公德，有效纠正了错误思想，批判了历史虚无主义思潮。

我们要实现理论创新，必须弘扬传统文化，使其成为精神上的引领和支撑。面对人们价值取向的日趋活跃，必须深入研究传统文化，树立国人头脑中共同的思想基础，这样才能形成精神上的合力，抗击历史虚无主义思潮，增加中国人民抵御外来腐朽思潮的风险能力。中国传统文化的弘扬与发展是国人提升文化境界的重大举措，也是对中国文化古往今来的梳理与转换，使传统文化基因发挥了现代价值。弘扬传统文化，不仅是从文化上实现自信，还力图在发展过程中寻找人们思想上的共识。建立在传统文化基础上的文化自信，既是民族文化的创造性发展，又是对国家软实力的文化心理上的提升性建设。

弘扬中国传统文化，不是单纯地鼓励人们学习传统文化，而是通过弘扬传统文化，使其发挥现代性的功效，为中国人寻找精神家园或者心灵的安顿之所。我们对于传统文化的引经据典，不仅出于文化自信的建设需要，而且是树立文化自信的求善、求美过程。这也是对传统文化所予以的全新形态，能够适应全球化的需要，同时也是对于中国文化出路的深刻思考和全新尝试。在提升综合国力的视角之下，中国认识到了文化软实力的重要作用，将国家兴盛与文化紧密相连，显示了中国人在新时代对于文化作用的重视，促进了中国文化由自觉走向了自信。弘扬传统文化，一方面，弘扬的行为凸显了中国传统文化的时代作用，有助于树立中国人对于本土文化的自信心，另一方面，能够使中国传统文化对接全球化。

二、立足传统文化探索中国特色社会主义的价值追求

中华民族在长期发展中所凝聚的思想，概括出诸多智慧，成为世界文明的重要组成部分，体现了中国人独有的精神价值。保持传统文化的生命力，是建设中国特色社会主义的重要保证。鉴于此，中国以传统文化为依托，对现代社会的价值追求进行了深入的探索，形成了具有时代特色的社会主义核心价值观。

1. 对传统文化的现代转化与国家层面的价值追求

富强是传统文化的长期追求，历朝历代对此都极为重视。例如，管仲将富强解释为"国富兵强"；《汉书·艺文志·诸子略》也对李悝的富强思想有所记载："《李子》三十二篇。名悝，相魏文侯，富国强兵。"商鞅也提出了"胜敌而草不荒，富强之功，可坐而致也"的思想。这些思想都在中国历史上产生了重要影响，使富强成为国家建设的长期追求。社会主义核心价值观也继承了传统文化中的富强思想，将"国家富强"放在中国梦的基本内涵之中，使之成为建设中国特色社会主义制度的重点。对于富强的关注，既反映了我们先人们对于富强的不懈追求，又深刻体现了今天中国人的理想。从中可以看出，富强作为光荣的传统文化，是从古至今的延续，依然符合我们国家的发展目标。富强是一个国家国力强盛的外在体现，也是国家运作发展的优良状况的外化形式。

民主是人的自我肯定过程，传统文化中也包含民主的因素。以人民实现自身的统治为目的的民主，在中国古代就有四个层次的逻辑演进："以民为本""君民同一""民贵君轻""君权民授"。民本论在中国古代政治中占有重要比例，体现了非统治阶级对于政治生活的平等参与。中国传统文化强调民惟邦本，这一中国传统政治的精神价值能够永不褪色。虽然民本论是封建专制的产物，但是经过历代学者的阐发，它已经包含了民众的自

我意识的觉醒，将人民群众作为政治权利的主体，是民本论的终极价值追求，也体现了人民群众自我意识的觉醒。社会主义核心价值观结合现代国家管理思想，将中国传统政治中的民本转化为新时期的民主，深化了民众对参政议政权利的理解，进一步肯定了人的自我意识的解放，是对于中国特色社会主义民主制度的全新发展。立足传统文化来增进民主的普遍性，是社会主义核心价值观对于中国民主根源的探寻，目的是使民主能够更好地成为人们在政治生活中的普遍参与方式。

文明对于中国而言，具有重大的传承意义。我国是四大文明古国之一，并且以固有的传统文化发展至今，在世界享有盛誉。中国的古代文明的辉煌成就，创造了优秀的历史文化，至今有着重大的积极影响。中华文明经历了5000多年的历史变迁，但始终一脉相承，积淀着中华民族最深层的精神追求，代表着中华民族独特的精神标识，为中华民族生生不息、发展壮大提供了丰厚滋养。这说明，中华文明已经深深地印在中国人的头脑之中，形成了精神上的共识，这一共识能够为中华民族的后续发展提供养料。现阶段，我们仍要以文明的发达程度作为衡量强国的标志，要用社会主义核心价值观体现文明，建设高度文明的现代化国家。此外，还主张各国应该增进文明的融合，使其产生互补的作用，让文明交流互鉴成为增进各国人民友谊的重要方式。

和谐在传统文化中源远流长。中国传统文化中的各家流派都注重和谐，将和谐看作重要的准则。它不仅体现为人与自然的和平共处，还体现为人际交往中的友善和睦。中国传统文化强调民惟邦本、天人合一、和而不同等理念，这是从思想史的视角对和谐的文化作用给予了肯定。和谐在中国的历史长河中发挥了巨大的作用，衍生出了诸多相关理念。这些理念都体现了人与自然的密切关系、人际关系的和睦，对于我们工业社会的强大破坏力具有矫正作用。当前的中国应该消除人与自然之间、人与人之间的紧张关系,建立和谐的生态意识和社会关系,培养和谐的文化心理,避免自然中心主义以及绝对的人类中心主义。社会主义核心价值观对于和谐的提倡,也显示出国家对于人与自然之间的和谐、人与人之间的和睦、国与国之间和平的殷切希望。中国传统文化的和谐观也认识到了世界的多样性和不同之处,追求的是和谐相处。正是因为追求和谐,中国的文化才能包容其他宗教在中国生根发芽、中国才能形成多民族的国家,中国自古就追求和平的外交,中国才能形成百家争鸣的文化繁荣。和谐在当代社会能够体现出合作、共享等优势,这一思想在与各国外交中都担负着巨大的使命。这与美国的霸权文化完全不同,更容易为国际社会所接受和认同。

2. 对传统文化的继承发展与社会层面的价值追求

自由蕴含于中国传统文化之中。儒家入世的自由体现在对于社会政治生活的参与之中要追求自由,从政治的义务中追求自由,到"达从心所欲,不逾矩"的境界即为自由;道家的忘世自由体现在对现实生活的回避,要隐退山林、回归自然、逃避现实。社会主义核心价值观倡导的自由观,是在直接控制以外的情况下所享受的自由,符合自由展开的程序,是基于人权和国家主权基础之上的合理权益。

平等在传统文化中一直是一个长期的追求,《礼记·礼运》中的"大道之行也,天下为公"就体现了中国人对于各种平等的向往。平等是中国共产党人的不懈追求,也是体现社会主义制度的重要表现。中国已经逐步将广大人民群众对于平等的向往转变为现实,力图在各个方面都实现人与人之间的平等。这种个体的平等是中国对于人民权利的重视,国家倡导人人都享有人生出彩的机会,都享有梦想成真的机会,都享有同祖国和时代一起成长与进步的机会。这是将平等的权利赋予公民,这样才能更好地建设民主国家。例如,在男女平等方面,国家"确保妇女平等依法行使民主权利、平等参与经济社会发展、平等享有改革发展成果",通过平等的机制，使新时代的女性发挥社会主义的建设作用。这表明中国对于男女平等问题认识的深刻，一方面，要从公民权利的角度实施男女平等，另一方面，要发挥女性在国家经济建设中的作用，更好地参与社会生活的同时，也要保障改革发展成果的享有，发挥女性在中国特色社会主义建设中的主体性作用。

公正在传统文化中蕴含了诸多内容，如天下为公的思想、均贫富的思想等，这一传统理念永不褪色。经济繁荣、社会稳定的基础必然会倡导公平正义。这一伦理观念贯穿于改革当中，可以消除不平等待遇社会现象。伴随着五位一体的建设，公平正义深入改革之中，消除了政治上的腐败、推进了脱贫攻坚战，补齐了法律的短板，有利于聚焦民生，改进了公共事业的治理格局。社会主义核心价值观将公正作为理论自觉，并付诸实践，体现了中国共产党执政为民的重大举措。公正在法律方面极为重要，司法的公正作是维护社会秩序的有效手段。如果人民群众通过司法程序难以保证自己的合法权利，那司法就没有公信力，失去了公平正义的意义，人民群众就不会相信司法。在推进中国特色社会主义建设活动公正的同时，我国对于全球化的公正也积极探索，以主权国家之间的共识来达成公正。中国还在全球化治理等方面更加强调公正，以公平正义对抗各种不公平的现象，以协商的方式共同发展，推动各个国家参与国际活动的均等机会，以民主化、公正化的姿态实施国际活动。

法治是传统文化中的重要精神资源，与现代立法精神有着一致之处。"法不阿贵""刑无等级"等合理法律因素，至今在法治运行机制中发挥作用。社会主义核心价值观对法治思想既继承了传统法治思想的精华，又在中国特色社会主义建设中加以推行，以依法治国的方式走向现代法治。在中国民间的人情社会中推行法治具有依法办事的意义，避免徇私的情况出现，可以从法律体制上保证各种建设的运行。现代国家也极为重视法治形成的文明社会，一方面可以使政府、组织遵循法律法规办事，另一方面可以保证个体得到相应的公平正义。社会主义核心价值观强调法治是保证社会发展的有力措施。国家建设要全面推进科学立法、严格执法、公正司法、全民守法，以良法善治发挥作用。要坚持依法治国、依法执政、依法行政共同推进，聚焦法律的空白点。坚持法治国家、法治政府、法治社会一体建设，不断开创依法治国新局面，加强全民参与的法治建设体制。对于法治的重视，体现了社会主义核心价值观对于各种行为准则的指导和约束，让每个人明确自己做什么是守法的、做什么是违法的，必须在法律权限范围内活动。

3. 对传统文化的多元激发与个人层面的价值追求

爱国是传统文化的主要内容，可以有效凝聚中国人的民族精神与民族气节。"位卑未敢忘忧国""先天下之忧而忧，后天下之乐而乐""天下兴亡，匹夫有责"等名句，脍炙人口，围绕在每一个中国人的心中，成为推进社会主义建设的强大力量。对于爱国这一客观存在的认识，当代中国有了新的补充和完善："实现中华民族伟大复兴的中国梦，是当代中国爱国主义的鲜明主题。"古圣先贤谈爱国，大都是在战争的状态下；当代国人谈爱国，是在和平的状态下。为了实现中华民族伟大复兴的中国梦，爱国主义同中国梦联系起来，突出和平形式的爱国，使爱国主义增加了建设国家的内容，对爱国的外延进行了拓展。爱国作为一种主义，社会主义核心价值观取消了其抽象性，转而以具体性展示出来。社会主义核心价值观使爱国主义落实到每个个体之上，通过每一个人具体的行动落实到建设国家上，重在体现个体带有爱国情感的实践活动。爱国主义作为民族精神的一部分，不仅落实到了每个人的身上，而且凝聚成了强大的民族力量。

敬业一词在中国传统农耕社会中也存在，虽然那时职业的种类较少，但是对于职业精神而言，中国人也主张敬业，这一思想至今为人们所推崇和弘扬。孔子将敬业称为"执事敬",朱熹将敬业称为"专心致志,以事其心",这都是指人们认真工作的态度。古代的敬业通常指官员的工作状态,当代的敬业指向范围是社会中的所有行业的从业人员的工作状态。社会主义核心价值观提倡工作中的要尽心尽力,认真负责,尽职尽责,使之成为中国特色社会主义的精神文明重要组成部分。敬业既是职业道德的体现,也是个人素质在工作中的具体要求;既是引导各行各业认真努力工作的道德规范,也是保证国家和社会健康发展的必要条件。在社会发展过程中,敬业是保障行业良好运转的有效手段,也是国家强盛、社会进步的重要保证性力量。敬业作为人的意识,可以指导人们在工作岗位上保持兢兢业业的状态,树立高尚的职业道德。

诚信是传统文化中的美德,至今为人们所津津乐道。诚实守信在中国文化中占据主要地位,成为中国伦理文化的主流道德规范。经历了几千年的发展,诚实守信早已形成了中国人的心理认同,也是现代实践主体对现实伦理生活的实际需要。传统文化中的诚信占据重要地位,是做人的基本准则之一。诚信将真实无妄、信守承诺落实到具体的行为活动之中,成为中华文明的重要组成部分。从古至今,诚信一直是交际伦理的核心,并成为伦理道德的根本要求。《论语》中不仅有"人而无信,不知其可也""言必信,行必果",还有"人而无信,不知其可也。大车无輗,小车无軏,其何以行之哉"的思想。古人早已将诚信扩大至一切伦理关系之中,使其成为当今社会的伦理核心。我国以诚信作为人际交往的准则,并深入挖掘和阐发诚信的时代价值,力求将诚信的作用进一步扩展,乃至成为新兴行业的职业伦理。然而,今天一些人受各种不良思想的影响,出现了对诚实守信的违背。这种道德失范的状态对于全民道德意识形态的构建极为不利,必须给予纠正。我们必须要坚持诚实守信的传统伦理,对其现时代的丰富内涵进行深刻的把握,理性地分析问题。人们要从多个方面践行才会感受到诚实守信的现代价值,例如考试诚信、经济诚信、言行诚信等,在身边的小事中形成言行一致的道德意识。诚实守信是衡量一个人最基础的道德评价,言而有信才能成就良好的未来。我们应该对诚实守信加强心理上的认同,使其具备良好的道德规范完善自身,促进传统价值落到现实社会的实处。

友善是传统文化中儒家特别重视的伦理道德规范,体现了人情社会对于感情的需求和关注。《孟子·滕文公上》中的"出入相友,守望相助"就是对友善的真实写照,强调的是人与人之间要彼此相互关怀。《孟子·梁惠王上》中的"老吾老以及人之老,幼吾幼以及人之幼",更是跨越了血缘关系的友善体现。

以上三大层面的价值追求是内化于中国人心中的文化遗产,体现着社会主义核心价值观的价值追求,具有时代性的价值取向。三个层面的价值追求体现了改革开放以来的实践智慧,顺应了中国特色社会主义的发展,将价值追求体现得更为具体、更为现实,便于人们在生活中实践。三个层面价值追求是中国特色社会主义价值追求的集中展现形式,顺应了中国发展的价值目标,凝聚了思想文化的精粹。当前中国的发展实践的基本价值基础是中国特色社会主义价值,这一价值的直接目的是满足中国的现实发展需要,寻求人民的福祉,实现"国家富强、民族振兴、人民幸福"。这既是中国梦的本质内涵,也是海内外中华儿女对于价值世界的全新探索。

三、社会主义核心价值观的培育及其对中国传统文化的弘扬

在世界性的竞争中,各种科技、政治、军事等的竞争使得人们头脑中的思想意识、价值观念以及精神追求都会发生碰撞,在这种情况下,发展文化就显得尤为重要。因此,我国弘扬传统文化,不仅能使传统文化中的

价值观念保值，维护统一的精神家园，还能保持中华民族的整体民族性和国家性。社会主义核心价值观对传统文化的弘扬，可以帮助我们用古代智慧解决现代问题。传统文化可以跨越时空发挥时代作用，并且不断地为新时代服务。社会主义核心价值观对传统文化的弘扬直接回答了我们话语体系上的中国特色，并保持了它的独特性。社会主义核心价值观使用这些传统文化源流，开拓了我们的思想，使我们在风云激荡中保持文化的中流砥柱地位，并在世界文明的碰撞中保持其开放性和包容性。传统文化有其长处，承载着中华民族的过去，也能够通过其中的时代价值，将中国传统文化与社会主义核心价值观的培育结合起来，在社会主义核心价值体系中凸显古今融合的作用。传统文化中的优秀成分是社会主义核心价值观的重要渊源，我们传播社会主义核心价值观的方式来激活传统文化中的现代因子，体现了自强不息的现代化国家的价值追求。将传统文化的弘扬与社会主义核心价值观的培育有机结合起来，既秉持传统价值理念，又推动中国特色社会主义的价值追求。

传统文化所蕴含的富国强兵、以民为本、天人合一、贵和尚中、公平正义、诚实守信等精神都有诸多的论述，这些固有的精神传统在今天的社会主义建设中能够发挥积极作用，依然是指导人们行为方式的重要准则，更是社会主义核心价值观的展现形式。社会主义核心价值观吸收传统文化中的现代因子指导实践，使其成为社会主义核心价值观的本土来源，形成了教育人民的重要依据。传统文化所涵养的社会主义核心价值观具有强大的生命力，它不仅注重实际、寻求稳定、重视民主等功效的发挥，而且能够帮助社会主义建设取得成功，树立全新的国家主流价值追求。在新形势下，社会主义核心观的培育与中国自身文化传统的结合，确立了全民思想基础朝向传统民族文化回归与复兴的价值取向。

社会主义核心价值观是实现中华民族伟大复兴的精神动力，反映着人们在新时期的实践要求和价值取向。以传统文化为基础的社会主义核心价值观，在多元化思想碰撞的今天可以使中国人形成统一的价值共识，这是因为传统文化的深沉精神积淀可以成为精神上永恒。中国传统文化自身的扬弃与社会主义核心价值观的融合，是对未来的关注，也是对中国哲学社会科学体系的重要设计，为解决世界问题提供了中国路径与中国方式。深入探索传统文化，积极践行社会主义核心价值观，在精神上追根溯源、与时俱进，是我们文化事业的重要保障。

综上所述，传统文化能够对社会传递正确的价值取向，使人们在精神境界里找到价值的皈依。以传统文化滋养的社会主义核心价值观，作为当下全新的全体中国人的精神血脉，产生了整个中华民族共同的文化认同。对于本民族文化而言，社会主义核心价值观的作用在于凝聚精神，凝聚价值，规范人们的行为方式。传统文化以其实用理性融入社会主义核心价值观，这种融入所凸显的实践意蕴，可以帮助人们践行于实际生活。根植于传统文化的社会主义核心价值观，体现了传统文化的活力，也彰显了人们共同的价值目标，对于我们实现中华民族的伟大复兴提供引导。社会主义核心价值观吸收了几千年来劳动人民在生产实践中总结出来的文化成果，激活了传统民族智慧的现代因子，结合中国人的心理机制的同构性，是民族振兴的文化动力。文化强国视野之下的社会主义核心价值观，源于传统，奔向未来，是马克思主义中国化的具体体现，也是全体中国人在新时代的共同价值指向，有助于帮助人民增强价值判断力与道德责任感。国家对于社会主义核心价值观的重视，不仅坚定了全国人民所追求的共同思想，而且使当代中国特色社会主义的文化事业面向世界，展示了大国文化软实力的时代价值。

第二节 中国传统文化与文化强国战略

现代国家都强调文化强国的重要性,这其中至关重要的是文化的强大。这是因为通过文化的提升,国家可以走进一个高度文明的时代。面对国际社会的多种思潮,中国对传统文化的坚持与发展,是建构文化强国战略的重要方式。

一、中国传统文化是实现文化强国战略的重要根基

从广义而言,文化强国战略是指增强国家文化软实力、提升中华文化国际影响力,通过创新与创造进一步解放发展文化生产力;从狭义而言,是指中国社会文化文明程度的提升,具体体现为人们在新时代的思想观念、精神面貌、文明风尚、道德准则、行为规范的提升。建成文化强国是现代化国家的标志,是新时代的要求。中国传统文化是我国重要的软实力资源,能够提现我国的文化优势。我们应大力挖掘其中的资源,使之有效地推动建设文化强国。

通过对中国优秀传统文化的继承,以此为重要资源建设文化强国,同时加强社会公德,纠正错误思潮。具体而言,我们要弘扬具有文化底蕴的民族精神、传统美德、人文精神、时代精神,并对中国传统文化的优秀因子进行创造性转化和创新性发展,用这些优秀成分提升国民修养和素质,进而形成良好的风尚。这些优秀因子在文化强国的建设上具有重要地位,更是实现文化强国的有力支撑。我们还要充分挖掘传统文化的潜力,发展文化事业,发展文化生产力,将潜在的文化影响力转变为发挥效能的实际影响力。

在新时代，我国将文化强国战略与中国自身文化传统的结合，确立了文化战略向传民族统文化归复的价值取向。中国传统文化是中国人民对于文明的追寻，至今仍占据着文明的制高点，能够转化为更持续的精神力量。中华民族在长期发展中所凝聚的思想，概括出诸多智慧，成为世界文明的重要组成部分，体现了中国人独有的精神价值。保持中国传统文化的生命力，既是文化强国的保证，也是发展中国特色社会主义的重要保证，又是对社会主义文化体系的完善。对于中国传统文化的弘扬，展现了国人对于文化强国建设的努力。根据中国传统文化在现实层面上的新发展趋势，文化强国战略以之作为中国主要的精神力量，以此影响世界人们的思想。因此，我们要着眼于中国传统文化的内在联系及其功能来弘扬中国传统文化，并将它放置于世界大背景之下，更好地构建文化强国。

二、中国传统文化以文化软实力加强文化强国战略

文化软实力是我国特色社会主义建设的一个重要目标，是提升综合国力的主要内容。随着现代社会的发展，一些国家的国际地位会发生改变，但是文化软实力相对稳定。中国传统文化作为文化软实力的组成部分，其丰富的内涵始终影响着人们的行为方式和精神境界。中国对于传统文化的弘扬，体现了国家对文化软实力基础的重视，也是构建文化强国战略的内在要求。

中国传统文化作为民族文化的构成，可以有效地整合全中国人的社会意识，从民族精神上提升文化软实力。因为中国传统文化在潜意识中已经深深扎根于人们的内心，并且通过各种教育和社会意识形态的影响，代代相传。中国传统文化早已进入中国人的血液之中，中国传统文化是民族凝聚力建设的重要力量，也是人们的精神价值取向。中国传统文化是文化软实力的根脉，能够对社会传递正确的价值取向，使人们在精神境界里找到

价值的皈依。中国传统文化作为全体中国人的精神血脉，也是整个中华民族共同认同的文化。从文化软实力角度而言，中国传统文化的作用在于凝聚精神，凝聚价值，规范人们的行为方式。

中国的文化软实力在国际社会中还需要提升。在历史发展过程中，中华民族形成了独有的传统文化，它在发展中国特色社会主义的道路过程中，不仅是人们头脑中的精神家园，而且是国家发展的软实力。可见，中国传统文化是推动中华民族前进的重要力量，这其中的思想观念与智慧结晶能够推进中国的崛起，也是构成文化软实力的有效方式。对于中国传统文化的弘扬与实践，国人在理论层面上将古典文化与时代精神有效结合，这是在理性认同的基础上，对文化规律的准确把握。通过在中国传统文化中剔除糟粕，发展精华，提升了文化软实力的内涵，展现出了中国精神。这些产生于农业文明的中国传统文化，经过现代化的转化，获得了中国人发自内心的认同与接受。当下我们的目标是"建设社会主义文化强国、增强文化软实力"，让中华民族确立共同的价值体系与价值追求，展示中国文化的独特魅力，坚定文化自信。

中国传统文化作为长期流传并发展的体系，具有超时空的作用，可以有效减少思想上的差异。中国传统文化作为中国人头脑中的特定存在，是中华民族特有的价值观，也是东方文明的产物。中国传统文化作为中华民族的必要存在，是维持国人行为模式和思维模式的精神准则，更是文化软实力的重要组成。中国传统文化在文化强国建设中发挥着重要作用，影响着国人的行为方式。因此，弘扬中国传统文化，可以抵制西方不良思潮的侵袭，保持我们自身的价值观。在世界一体化大潮中，对于中国传统文化的发展与继承，是保持民族特质的重要手段，也是保证中国特色社会主义文化事业的特殊之处。需要注意的是，中国对传统文化的弘扬是有历史必然性的，这既是改革开放过程中对文化事业的正确导向，又是提升文化软实力的需要。文化强国要做的就是保证传统文化的根基,树立和增强文化自信。中国传统文化中的自强不息、奋发有为的处世情怀可以让中华民族坚定对文化的自信,从而提升国家软实力。

第五章　中国传统文化与现代化

中国传统文化在现代化的冲击之下必须走向现代化，否则就会失去活力。经济的发展必然会影响中国传统文化中的社会价值观，并要求建立新的价值体系与行为规范。这就需要大力促进中国传统文化与现代化的和谐统一。中国传统文化必须吸收其他民族优秀灿烂的文化，使中国传统文化符合现代化的进程。

一、中国传统文化与现代化的统一性

我们要带着问题意识对中国传统文化进行发展，探讨工业文明冲突所凸显的特点和规律，协调中华文明与世界文明之间的关系，使中国传统文化走向现代化。中国传统文化具有宏观性的现代化意义。

首先，中国传统文化以进取心、责任、义务等促进个体潜能的发展，并且主张社会的福利高于个人的福利，这些思想都为实现现代化提供了强大的动力。我们对中国传统文化的客观弘扬必须从现代化切入，将中国传统文化作为营养液来丰富世界文明的人文资源。

其次，中国传统文化中的求同存异、天人合一、和谐相处、天下为公、经世致用、知行合一等思想能够解决人类共同的危机与难题，为整个世界的现代化发展提供了思想资源。例如，中国传统文化以天人合一思想为最高境界，以人与自然和谐为基础，以此来实现人与人之间的和谐。这一思想适合现代化的发展要求，也体现了中国传统文化为世界的可持续发展提供了养分。我们要继承中国优秀传统文化，是因为其中有深厚的可以承接现代化的文化底蕴。它所包含的伦理价值、社会思想、政治法律、精神信仰等，对于现代化具有启迪意义。西方的现代性存在许多问题，不适合中国直接使用。通过现代化的发展，许多有识之士认识到了人类中心主义的错误，将文化的视域拓展到全球的领域，主张全人类的共同繁荣和多元化发展，尊重各种差异。就西方这些弊端而言，中国传统文化在现代化过程中能够体现出优势。

最后，中国传统伦理文化中的自我修养等理论能够抑制道德的下滑，为现代化以及后现代化提供永恒的价值观。中国主张以传统文化的特质来融合现代化，因此大力弘扬中国传统文化，凸显根源意识，强调在现代化中突出传统，推动中国传统文化走向世界。我们应珍视中国传统伦理文化的精神资源，静心体验文化遗产，以古代思想与现代思想进行沟通与交流，了解中国传统伦理文化的原意，寻找现代化需要的源头活水。

中国传统文化必须走向现代化，以适应中国的时代发展与未来世界的需要。中国传统文化能够走向现代化，是因为它能够从自身的内核中发展出新的时代价值。例如，忠恕之道，就能在现代化过程中，由个人伦理发挥出社群伦理，展现共同发展的道德维度。中国传统文化是否能够日益持续显赫有赖于其对于现代化的转化，也只有在全球化的浪潮中乘风破浪，才能在全球化体系中崭露头角，体现出中国智慧。在现代化这种前所未有的普遍关联中，中国传统文化要想成为多元文化中的有力声音，必须拓展新的空间融入全球化大潮之中，尝试新的框架和诠释性词汇来应对全球化的潮流。

中国传统文化中的部分观点与现代社会格格不入，但是这并不意味着传统伦理不能与现代化精神接轨。中国传统文化深深根植于中国人的骨髓里，已经成为中国人意识中的一部分，有不可替代的根源性。这些根源性的东西与现代化精神之间是有着结合点的。现代化精神起源于西方，意味着主体性的发挥，这与中国传统文化中的主体性思想是不谋而合的。中国传统伦理中的自强不息精神就是主体性思想的重要表现，是中国人历久弥新的宝贵财富。因此，肯定主体、确定主体性的正确存在方式既是中国传统文化的重要内容，又是现代化精神的核心，二者是契合的。中国特色社会主义建设需要人民的主体性，现代化精神也需要主体性。这既是对中国传统文化的继承，又是发挥现代化的实用性功能。中国传统文化与现代化精神主旨的一致，可以促使人们将精神层面的主体性和现实需要结合起来，共同作用于实践。除了主体性精神，中国传统文化中的许多思想，如天人合一、诚实守信、刚健有为、以人为本、贵和尚中等，经过中华民族的集体心理积淀，已经转化成共同的民族意识，是社会赖以存在的主流道德规范。这些传统文化经过岁月的磨砺，其兼容性和发展性能够应对现代化的需要，满足全人类的发展需要。在新时代，这些传统伦理既能够满足中国特色社会主义建设的需要，也与现代化的实用性功能不谋而合。中国传统文化与现代化精神结合之后，能够保持世界秩序的稳定以及人们内心的平衡。这种结合能够满足中国各类实践主体的需要，也能满足文化资源的发展。

二、中国传统文化走向现代化的现实需求

现代化将世界性与民族性、全球性与地域性等分类性文化传统结合起来，这种交融使得我们必须将文化进行整合，吸收外来文化的精髓，摒弃故步自封的想法，既不能脱离世界化来谈民族文化，又不能离开全球化来谈本土文化，否则有失偏颇。我们认识到了文化走向多元的趋势，在现代化之间认识到全球意识与本土意识的相互影响，立足现代性来弘扬中国传

统文化，促进中国传统文化随着时代的发展而发展。在现代化之过程中，中国不应该扔掉自身本土文化，即弘扬中国传统文化，以保证自身的特色。本土性文化包含着民族意识、民族心理、语言、文字、地域以至宗教性差异，这些差异能够使任意一个国家在现代化过程中体现本土意识。现代化与本土化的融合，造成中国当下的文化内部的矛盾与张力。在这种特殊的碰撞之中，中国没有将现代化当作全球化，因为中国要坚守中国特色社会主义，也没有出现将现代化当作与西方文化同质化的过程，因为中国要坚守中国特色社会主义文化，更没有将现代化当作一个西化的过程，中国主张走以中国特色的方式融入现代化。中国传统文化现代化之路是漫长的过程，但是其中的自强不息精神能够战胜许多困难，能够为中国社会主义先进文化的发展引入源头活水，也能为文化中国培育生活智慧，引领精神上的价值。

第六章　新时代弘扬中国优秀传统文化的使命

新时代的中国人作为中国优秀传统文化的继承者，必须用现代性的创新接续中华文化的血脉，以自信的心理审视民族优秀传统文化的独特价值与优势，促进民族优秀传统文化的基本精神与现代化精神的相互融合，增强世界各国对中国优秀传统文化的认同感，构建符合现实与未来的文化民族主义，以实现自身的文化使命。

第一节　弘扬中国优秀传统文化提升国民担当

全球化引发了文化多元化的出现，这导致了一部分人对于中国传统文化的认知淡漠。数字化时代，围绕在人们身边的是各种各样的电子产品，导致了一些人仅仅关注娱乐，对文化知识知之甚少。为了实现中华民族的伟大复兴，我们应从中国文化中寻找根基，在新时代的发展中担负起促进民族优秀传统文化自我更新的责任。在新时代，我们应该加强弘扬中国优秀传统文化的使命，以此方式提升文化自信。这是因为文化能够辐射到整个社会的方方面面，可以发挥巨大的社会作用。中国优秀传统文化也要发挥新时代的历史使命,发挥其现代价值,保卫国家意识形态的安全。面对外来文化的侵袭,我们应该结合中国的国情,运用中国优秀传统文化凝聚社会共识。中国优秀传统文化中家国天下、精忠报国、守土有责等爱国观念是维护国家意识形态安全的重要因素,能够稳固中国的政治结构,维护有序的社会状态,推动国家发展的良性走向。随着全球经济一体化,文化通过交流也呈现出多样化,我们更应该用多种途径促进中国优秀传统文化绽放出光彩,保持民族特性,防止不良异质文化的侵蚀。

一、我们展示民族优秀传统文化的时代价值

我们应该从民族优秀传统文化中汲取营养,"深入挖掘和阐发中华优秀传统文化讲仁爱、重民本、守诚信、崇正义、尚和合、求大同的时代价值",增加中国人对于民族优秀传统文化的理解与领悟。仁爱价值,有助于我们追求人与人之间的和谐,寻求人与自然的和谐。民本价值,有助于我们坚持走群众路线,"立志做大事,不要立志做大官"。诚信价值,有益于我们传承中华民族传统美德,推进整个社会的诚信建设。正义价值,有益于我们加强社会生活中的道德直觉,明确为人处世的底线。和合价值,有利于我们在行为方式上和而不同,化解各种危机与冲突,消除社会中的病态,追求人与人、人与社会、人与自然之间的相互包容。大同价值,有利于我们了解古人的社会政治理想,并以大同为"中国梦的文化根基",尽自己最大努力实现"两个一百年"目标。这些思想对于今天的社会仍然是普遍原则,能够以中国智慧结合社会实践,担负起经济建设和文化发展的职能。中国优秀传统文化中的时代价值应由国人传承,以展示其历史延续性,使其适应现代社会的需要。为了使中国传统文化在现代化社会显示出活力,我们必须对其进行现代转换,使其中的精要内容合适了现代社会的发展。随着对中国传统文化的阐发,中国传统文化的吸引力在不断增强,

其影响也在不断地扩大。对于传播中国传统文化，中国做出了诸多的努力，不断向世界输送具有国际影响力的国际文明。

二、彰显中国优秀传统文化的突出优势

中华民族经过两千多年的积累，形成了独具优势的民族优秀传统文化，与西方文化形成了鲜明的对比。中国优秀传统文化中的自强不息精神、中庸和谐之道、道德本位主义、天人协调合一、海纳百川特质、常变相参思维等突出优势，是推动中华民族不断进步的内在驱动力。我们应该推动中国传统文化体现出文化进步主义，既能展现民族优秀传统文化的优势，又为文化自信提供群众根基。在此，文化进步主义体现了双重性，坚持了民族文化自身的优势，又以继承发展的衡量尺度为国人提供文化的高视点，有助于塑造当代主体的自信心理。为了培育新时代国人的文化自信心理，国民教育应在思维方式、价值尺度、现实层面、情感方式、生活理念以及行为规范上加强对中国优秀传统文化的优势理解，使其"不断增强做中国人的骨气、底气、朝气"。中华文化中的经典部分对于现代人而言是有价值的。这其中的理念具有现代因子，它依然可以在工业文明中引领人们的思想，构成精神信仰。中华传统文化以实用理性展现于世，这种凸显实践意蕴的文化，可以帮助人们践行于实际。我们应将中国传统文化传播于世界，使当代中国特色社会主义的文化事业面向世界，展示了大国的文化软实力的时代价值。

三、强化民族优秀传统文化的自信心理

一些西方国家对其他国家输出自己的价值观念，抹黑中国优秀传统文化，使一些人对于中国传统文化产生误解。这时候，我们更需要文化自信，使中国优秀传统文化成为文化定力，并且"古为今用、推陈出新"，构建

满足现代社会需要的、丰富多彩的文化生态格局。通过对中国传统文化的倡导，可以清除一些人对西方文化的盲目膜拜与迷信。中华民族历经沧桑，此时的朝气蓬勃使中国人比以往任何时候都自信。在和平年代，我们更应该通过各种方式加深对于中国优秀传统文化的领悟，明确中国优秀传统文化对于传承中华民族精神底蕴的巨大作用，夯实文化心理上的自信。我们没有放弃对中国传统文化的继承与发展，并且结合中国文化发展战略，促进了中国文化由自觉走向了自信。为了保证中国传统文化的继承与发展，保持其在历史长河中保持发展，不被中断，我们应该大力复兴中国传统文化，以此为中华民族的精神"补钙"。新时代还要增强我国文化的整体实力建设，必须让人们了解到中国优秀传统文化的丰厚滋养作用，进而培养人们对于民族优秀传统文化的坚定信心。

四、大力弘扬中国优秀传统文化

以文化滋养的形式增加自身的文化底蕴，在日常生活中贯穿中国传统文化，潜移默化地浸润身心。继承传统文化的基因有助于我们体会其中的文化底蕴，吸收精华性文化哺育自身的思想内涵。传统文化能够滋养我们的心性，丰富我们的精神生活，更好地从精神层面充盈自身。我们可以用古为今用的选择形式吸收传统文化，并逐渐内化于心，涵育自身。时代精神要求下的文化自信不仅是对国家的要求，对于我们也同样适用，因此，我们应努力使传统文化成为自身思想意识中的一部分。这是时代对我们的要求，也是对传统文化的认同。我们要成为中国精神的弘扬者，突出传统文化的现实价值，挖掘传统文化的精髓，增进自身的修为。传统文化对于国人的心理意识有着积淀作用，能够以润物细无声的形式影响着内心深处，使之产生强大的文化认同。积淀不是一朝一夕形成的，而是长期的过程，我们可以通过多种方式传承经典，逐渐感受传统文化的熏陶，才能增进自身的人文修养。以中国传统文化作为提升我们思想境界的重要手段，是国家软实力发展的需要，也是传承国粹的需要。作为一个中国人，必须要吸收传统文化的精髓，感知其中的精粹，并使其适应于当今社会。尤其是在社会主义市场经济亟待完善的今天，我们需要在借用传统文化对自身进行育德的同时，还要在行动上体现出高尚的道德品行。抵制腐朽的、不适合当今社会发展的旧文化，摒弃传统文化中的不合理因素，使传统文化以和谐的形式对接现代化精神。在世界全球化趋势下，文化必然呈现出多元化、实用化、自主化的趋势，这就需要国人在各种文化观念之下，进行正确的价值判断。现代化建设离不开传统文化的底蕴，个人的修为也离不开传统文化的学习，我们必须正确审视传统文化的现代意义。

中国人对于传承、弘扬中国传统文化的责任形式要多元化、现代化，这也是中华优秀传统文化的两创式发展的重要体现。中国优秀传统文化是中华民族的根和魂，既可以为国人提供认识世界、改造世界的精神指导，又可以增强国家意识形态安全观。这是因为，中华优秀传统文化不仅是炎黄子孙的精神归属地，而且是保证文化产业进步的资源。由于文化遗产具有非独占性的特点，一些文化产业强国已经开始大量吸收其他国家的民族文化遗产。哪个国家在全球范围内率先运用他国民族的文化遗产，就有掌握文化产业领域制高点的机会，占据有利优势。为了保护民族优秀传统文化的遗产，抵制文化强国的侵袭与掠夺，我们要积极保护、开发民族文化的遗产，掌握自身的话语权。我们还可以运用创意手段与高科技作为支撑，积极开发民族优秀文化遗产。

第二节 传播民族优秀传统文化
增强世界认同

我国的民族优秀传统文化创造了辉煌的古代中国,对于世界的贡献也非常巨大。这其中所蕴含的人文精神、哲学思想、价值观念、道德准则等,依然对中国和世界具有启迪意义。我们应该激活民族优秀传统文化的基因,增强世界对于中国的肯定与认同。例如,中国传统思维文化中的求同存异、和谐相处、天人合一、天下为公、经世致用、知行合一等思想能够解决人类共同的危机与难题。

一、发出中国声音

古老的中国传统文化不仅在中国发挥作用,而且传播至世界各地,成为世界文明的重要力量之一。作为四大文明古国唯一延续下来的中国,其优秀传统文化也向世界展示出了强大的实力。中国优秀传统文化的传播,既应立足于传统,又要面向世界,增强中国文化的影响力,展示中国的巨大进步。我们可以运用自身的信息知识,将中国优秀传统文化中的精髓部分传扬出去,加大话语权建设,创新对外话语体系及其表达方式,让中国优秀传统文化对世界全面发声。为了增加中国文化传播的辐射面,我们应增加舆论贯通能力,筛选有益国家发展的舆情发声,运用中国优秀传统文化展示中华文化的时代作用,实现中华民族文化层面上的复兴。中国国民都应为发出中国声音而努力,可以用理论等方式对民族优秀进行深层次挖掘与转换,增强中国文化在世界舞台上的发言权。对于传播中国传统文化,要对传播的形式作出创新,必须突出中国立场以及中国化的表达方式,即以中国特色的方式传播中国传统文化。

二、提供中国方案

中国方案的提出,为世界呈现出了多种的选择性。中国取得的成功经验为世界其他国家提供了可供选择的方案。包含民族优秀传统文化的中国方案,是一种具有现代性的政治文明方案,能够以中国自身的成就推动世界各国的发展。这些方案中蕴含的忠恕之道、求同存异、自强不息、协和万邦、天下为公等民族优秀传统文化精华,对国际社会具有互惠互利、合作共赢、联动创新、和平共处、高效治理等借鉴意义。我们应萃取中国优秀传统文化中的精华,结合创新、协调、绿色、开放、共享等现代理念,丰富中国方案的内涵,站在国内国际的广阔视角之上,以自身的知识和能力为"一带一路"倡议、构建人类命运共同体等贡献一己之力。中国传统文化,具有广阔的发展空间,能够为世界性的决策咨询服务做贡献,提供破解政治难题的思维方法。中国优秀的传统文化所彰显的特质在新时代能够解决工业文明产生的困惑,满足世界人民的精神需要,重在用其独特的思维方式解决人类社会当下出现的困窘,对于中国的作用尤为巨大。当前人类社会早已显现出各类危机,其中人与自然之间的生态危机、社会与社会之间的价值危机尤为明显。许多国家的文化在解决这些危机中举步维艰,而中国传统文化中的特质能够弱化乃至消除这些危机。

三、贡献中国智慧

中国在风云变幻的国际世界中国脱颖而出,与我们民族优秀传统文化有密切关系。这其中包含的多种文化理想与智慧,符合世界人民对于美好生活的向往,有助于实现和谐共生、幸福共享。中国传统文化中的道德践履境界、自然人文精神和人生智慧之学,可以为全人类创造幸福,消解人

第六章　新时代弘扬中国优秀传统文化的使命

类社会的重重危机与矛盾，减少人类心灵上的困惑。例如，我们如果了解到民族传统文化重视仁爱、诚信、合作、包容的道德，就能理解"亲、诚、惠、容"型共赢共生的外交理念，也能进一步明白构建人类命运共同体的协同进步意义。世界需要了解一个全方位的中国，我们也需要用民族优秀传统文化向世界展示自身的精神源泉。中国传统文化由传统转向现代，为世界贡献了中国智慧。长期的世界历史实践证明，中国传统文化具有积极作用，它能够为世界性问题提供智慧，这是为世界人民做出的巨大贡献。丰富中国传统文化的弘扬形式，让更多的世界人民了解中国传统文化的精神，突破思想上的迷雾，使更多的人获得文化资源，不断地用传统文化回答时代问题。中国传统文化从哲学、科学的视角揭示人生、社会、宇宙的本质及意义，更适合为现代文明解决纷扰与难题。中华传统文化对于解决当下的世界难题提供了重要的启示，打造了广阔的国际对话空间，成为人类文明的重要组成部分。这不仅使中国传统文化有了与其他文化对话的底气，而且能够在交流中增进自信。

在新时代，中国传统文化呈现出的新活力，必然要担负起更多的使命，这也是中国人的文化责任与未来世界的必然发展路径。面对纷繁复杂的国际局势，我们要大力弘扬民族传统文化，为人类社会提供有价值的思想，担负起构建人类命运共同体的责任。中国传统文化能够实现自我更新，其中的"智慧光芒穿透历史，思想价值跨越时空，历久弥新，成为人类共有的精神财富"。我们要激活中国优秀传统文化的生命精神，对其体系与功能充满了自信，主动地将自身的历史责任与中国优秀传统文化的发展融为一体，以强烈的寻根性体现自身的使命。

参考文献

[1] 中共中央宣传部．习近平总书记系列重要讲话读本［M］．北京：学习出版社、人民出版社，2016.

[2] 中共中央宣传部．习近平新时代中国特色社会主义思想三十讲［M］．北京：学习出版社，2018.

[3] 人民日报评论部．习近平用典［M］．北京：人民日报出版社，2012.

[4] 方克立．中国哲学史上的知行观［M］．北京：人民出版社，1997.

[5] 谷明光．文化自觉与辩证思维［M］．长沙：湖南大学出版社，2004.

[6] 金元浦．中国文化概论［M］．北京：中国人民大学出版社，2007.

[7] 张历历．外交决策［M］．北京：世界知识出版社，2007.

[8] 徐培华．市场经济的义利观：市场经济与义利思想［M］．昆明：云南人民出版社，2008.

[9] 仲泽，方延军．和而不同：和谐文化读本［M］．成都：四川文艺出版社，2008.

[10] 张桂琳，常保国．政治文化传统与政治发展［M］．北京：社会科学文献出版社，2009.

［11］田广林．中国传统文化概论［M］．北京：高等教育出版社，2010．

［12］周山．中国传统思维方法研究［M］．上海：学林出版社，2010．

［13］高晨阳．中国传统思维方式研究［M］．北京：科学出版社，2012．

［14］丁明．国家智慧：新中国外交风云档案［M］．北京：当代中国出版社，2012．

［15］陈健．外交，让世界走向和谐［M］．北京：中国人民大学出版社，2012．

［16］韩星．中国传统文化经典语录——和而不同［M］．西安：西安出版社，2012．

［17］秦正为．中国特色社会主义国家利益观［M］．北京：人民出版社，2013．

［18］檀江林．中国文化概论［M］．北京：科学出版社，2013．

［19］胡水君．内圣外王：法治的人文道路［M］．上海：华东师范大学出版社2013．

［20］易小明．民族伦理文化研究［M］．湖南：湖南大学出版社2013．

［21］董伟武．中西传统伦理精神文化研究［M］．光明日报出版社2013．

［22］杨国荣．思想与文化（第十三辑）——伦理学关键词［M］．上海：华东师范大学出版社2014．

［23］武钦殿．传统文化与法治中国［M］．北京：人民日报出版社2015．

［24］李维武．辩证唯物论的知行统一观——重读毛泽东《实践论》

[M].北京：人民出版社，2014.

[25]丛日云.传统政治文化与现代政治文明[M].北京：社会科学文献出版社，2014.

[26]张岂之，张茂泽.和而不同[M].北京：学习出版社，2014.

[27]辜堪生.中国传统文化概论[M].成都：西南财经大学出版社，2015.

[28]李军林.中国传统文化概论[M].合肥：合肥工业大学出版社，2015.

[29]李凤斌，丁瑞雪.传统政治文化与当代中国政治制度[M].北京：社会科学文献出版社，2015.

[30]高宏存.执法治要[M].上海：东方出版社，2016.

[31]张大为.东方传统：文化思维与文明政治[M].上海：上海三联书店，2015.

[32]袁振保.中华民族的传统思维方式[M].北京：北京时代华文书局，2016.

[33]詹姆斯·斯蒂芬.自由.平等.博爱[M].南昌：江西出版社，2016.

[34]阿尔贝特·施韦泽.敬畏生命[M].上海：上海人民出版社，2017.

[35]陈岳，蒲聘.构建人类命运共同体[M].北京：中国人民大学出版社，2017.

[36]王帆，凌胜利.人类命运共同体——全球治理的中国方案[M].长沙：湖南人民出版社，2017.

[37]丁文阁.构建人类命运共同体的名家视角[M].北京：时事出版社，2018.